全国交通运输职业教育技工新能源汽车检测与维修专业规划教材

电动汽车维护与故障诊断

全国交通运输职业教育教学指导委员会 组织编写

王　征　李永吉　主　编
徐　坤　陈晓东　副主编

人民交通出版社股份有限公司
China Communications Press Co.,Ltd.

内 容 提 要

《电动汽车维护与故障诊断》是全国交通运输职业教育技工新能源汽车检测与维修专业规划教材之一。主要内容包括电动汽车相关标准和规范、电动汽车一级与二级维护基本作业项目及技术要求、电动汽车二级维护检验、电动汽车故障诊断。

本书可作为技工院校新能源汽车检测与维修专业教材，也可供新能源汽车维修人员及相关技术人员参考使用。

图书在版编目(CIP)数据

电动汽车维护与故障诊断／王征，李永吉主编. —北京：人民交通出版社股份有限公司，2018.9
ISBN 978-7-114-14922-1

Ⅰ.①电… Ⅱ.①王… ②李… Ⅲ.①电动汽车—车辆修理—高等职业教育—教材②电动汽车—故障诊断—高等职业教育—教材 Ⅳ.①U469.72

中国版本图书馆CIP数据核字(2018)第197462号

书　　名：	电动汽车维护与故障诊断
著 作 者：	王　征　李永吉
责任编辑：	郭　跃
责任校对：	张　贺
责任印制：	张　凯
出版发行：	人民交通出版社股份有限公司
地　　址：	(100011)北京市朝阳区安定门外外馆斜街3号
网　　址：	http://www.ccpress.com.cn
销售电话：	(010)59757973
总 经 销：	人民交通出版社股份有限公司发行部
经　　销：	各地新华书店
印　　刷：	北京市密东印刷有限公司
开　　本：	787×1092　1/16
印　　张：	12.25
字　　数：	284千
版　　次：	2018年9月　第1版
印　　次：	2018年9月　第1次印刷
书　　号：	ISBN 978-7-114-14922-1
定　　价：	32.00元

(有印刷、装订质量问题的图书由本公司负责调换)

全国交通运输职业教育技工新能源汽车检测与维修专业规划教材

编审委员会

主 任 委 员 王怡民

副主任委员 杨经元　陈文华

委　　　员（按姓氏笔画排序）

　　　　　　王茂仁　王　征　韦军新　毕玉顺
　　　　　　刘海峰　刘　影　宇正鑫　宇全旺
　　　　　　许云珍　李永吉　李宪义　宋修艳
　　　　　　张小兴　张则雷　陈晓东　孟彦君
　　　　　　赵昌涛　贺利涛　夏建武　徐　坤
　　　　　　高庆华　高窦平　郭志勇　韩炯刚
　　　　　　廖辉湘　穆燕萍

特 邀 专 家 朱　军

前 言 PREFACE

近年来，新能源汽车行业迅猛发展，产销大幅增长。各职业院校根据市场需求，相继开设了新能源汽车检测与维修专业。选择适用的核心课程教材，对于院校专业建设至关重要。全国交通运输职业教育技工新能源汽车检测与维修专业规划教材是在各院校的通力合作下，在行业、企业技术专家的大力协助下编写而成。

本系列教材在编写过程中，采用职业院校大力推广的"基于工作过程的任务教学法"体例，项目规划科学，任务分解合理，利于教学过程中的讲解与实训。本系列教材依据市场主流车型进行编写，实现课堂教学与实训实习无缝对接。

本书是新能源汽车系列教材之一，以电动汽车为主题进行编写。主要选取目前市场上的主流电动汽车——比亚迪车型为参考，并结合其他品牌的电动汽车编写本书。本书共五个项目十二个任务，项目一主要介绍电动汽车术语标准和维护标准。项目二为电动汽车的维修接待工作及流程和电动汽车的一级维护。项目三主要介绍电动汽车的二级维护作业标准及流程。项目四内容为电动汽车的检验，包括过程检验、进厂检验和出厂检验的作业项目及流程。项目五主要介绍电动汽车解码仪的使用方法及流程、电动汽车驱动系统的诊断方法、能量管理系统的诊断方法、充电系统的诊断方法、电动汽车高压互锁部分常见故障及诊断方法和电动汽车空调系统常见故障的诊断方法等五个项目。每个项目又分为若干任务，每个任务包含学习目标、任务描述、理论知识准备、任务实施、技能考核标准、学习拓展、思考与练习七个部分，根据学习需求，七个部分会有删减。本书采用学习任务模式导入教学内容，除教材之外，还配备了教案、PPT、学习工作页、题库等教学资源，方便授课教师参考。教材中每个项目均基于工作过程的教学任务，通过学生的学习，培养学生能够对电动汽车进行规范的一、二级维护，通过教师对典型故障的讲解分析，培养学生建立起触类旁通、举一反三的诊断思路。

本书教学大纲由全国交通运输职业教育教学指导委员会审定，由云南交通技师学院李永吉、天津市优耐特汽车电控技术服务有限公司王征担任主编，由云南交通技师学院徐坤、陈晓东担任副主编，由徐坤负责统稿。书中共有12个任务，任务1、任务2、任务3、任务6、任务7、任务12 由云南交通技师学院李永吉和徐坤共同完成,任务4、任务5、任务8~任务11由天津市优耐特汽车电控技术服务有限公司王征完成。

在本系列教材的编写过程中,得到了浙江交通技师学院、山东交通技师学院、广西交通技师学院、江苏汽车技师学院等职业院校和天津市优耐特汽车电控技术服务有限公司的大力支持,在此表示感谢。限于编者水平,书中难免有疏漏和错误之处,恳请广大读者提出宝贵建议,以便进一步修改和完善。

编　者
2018 年 6 月

目 录
CONTENTS

项目一　电动汽车相关标准和规范 1
 任务 1　电动汽车相关标准和规范 2

项目二　电动汽车一级维护基本作业项目及技术要求 21
 任务 2　维修接待及服务流程 22
 任务 3　电动汽车一级维护基本作业项目及技术要求 31

项目三　电动汽车二级维护基本作业项目及技术要求 51
 任务 4　纯电动汽车二级维护作业一 52
 任务 5　纯电动汽车二级维护作业二 70

项目四　电动汽车二级维护检验 81
 任务 6　电动汽车二级维护过程检验、竣工检验项目及技术要求 82

项目五　电动汽车故障诊断 95
 任务 7　故障诊断基础及解码仪的使用 96
 任务 8　动力驱动系统故障诊断 112
 任务 9　电池及能量管理系统故障诊断 127
 任务 10　充电系统故障诊断 140
 任务 11　高压互锁故障诊断 151
 任务 12　电动汽车空调维护与故障诊断 167

参考文献 187

项目一
电动汽车相关标准和规范

本项目主要介绍电动汽车标准和技术规范，项目下有一个学习任务，该任务中主要简述了电动汽车整车术语规范、驱动电机及控制器术语规范、蓄电池术语规范、电动汽车驱动电机故障分级标准、电动汽车维护作业标准。

通过对本项目的学习，学员不仅能够使用电动汽车整车术语，驱动电机及控制器术语、蓄电池术语等规范标准进行技术交流，同时，还能够描述电动汽车驱动电机故障分级标准、电动汽车维护作业标准。并在对电动汽车进行维护、修理时，清楚不同等级的作业要求。并能够有效地使用标准术语和客户进行交流沟通。

任务1　电动汽车相关标准和规范

❖ 学习目标

❖ 知识目标

完成本任务学习后,你应能:
1. 描述电动汽车整车的相关术语;
2. 描述驱动电机及电机控制器术语规范;
3. 描述蓄电池术语规范;
4. 讲解电动汽车驱动电机故障分级标准;
5. 描述电动汽车维护作业标准。

❖ 能力目标

完成本任务学习后,你应能:
1. 正确的使用整车术语、驱动电机及控制器术语和蓄电池术语进行技术交流;
2. 正确区分驱动电机故障等级。

❖ 任务描述

随着国家政策的支持和汽车技术的发展,电动汽车已经成为汽车行业的发展方向,由于电动汽车和传统内燃机汽车在动力上存在着本质上的区别,涉及驱动电机、动力蓄电池、电子控制系统、充电等,和传统汽车有不一样的结构,因此,非常有必要了解有关电动汽车相关的术语标准、维修标准,以便进行更好的技术交流及和客户的有效沟通。

理论知识准备

一、整车术语规范

(一) 整车术语

(1) 纯电动汽车(BEV):驱动能量完全由电能提供的、由电机驱动的汽车,电机的驱动电能来源于车载可充电储能系统或其他能量储存装置。

(2) 混合动力电动汽车(HEV):能够至少从下述两类车载储存的能量中获得动力的汽车:
——可消耗的燃料;
——可再充电能/能量储存装置。

(3) 串联式混合动力电动汽车:车辆的驱动力只来源于电机的混合动力电动汽车。

(4) 并联式混合动力电动汽车:车辆的驱动力由电机及发动机同时或单独供给的混合动力电动汽车。

(5)混联式混合动力电动汽车:同时具有串联式和并联式驱动方式的混合动力电动汽车。

(二)混合动力汽车术语

(1)按外接充电能力。

①可外接充电式混合动力汽车(OVC-HEV):正常使用情况下可从非车载装置中获取电能量的混合动力电动汽车。插电式混合动力电动汽车(PHEV)属于此类型。

②不可外接充电式混合动力汽车(NOVC-HEV):正常使用情况下从车载燃料中获取全部能量的混合动力电动汽车。

(2)按行驶模式的选择方式。

①有手动选择功能的混合动力电动汽车:具备手动选择行驶模式功能的混合动力电动汽车。车辆可选择的行驶模式包括纯电动模式、热机模式和混合动力模式。

②无手动选择功能的混合动力电动汽车:不具备手动选择行驶模式功能的混合动力电动汽车。车辆的行模式可根据不同工况自动切换。

(3)增程式电动汽车(REEV):一种在纯电动模式下可以达到其所有的动力性能,而当车载可充电储能系统无法满足续航里程要求时,打开车载辅助供电装置为动力系统提供电能,以延长续航里程的电动汽车,且该车载辅助供电装置与驱动系统没有传动轴(带)等传动连接。

(4)燃料电池电动汽车(FCEV):以燃料电池系统作为单一动力源或者是以燃料电池系统与可充电储能系统作为混合动力源的电动汽车。

①燃料电池混合动力电动汽车(FCHEV):以燃料电池系统与可充电储能系统作为混合动力源的电动汽车。

②纯燃料电池电动汽车(FCV):以燃料电池系统作为单一动力源的电动汽车。

(三)结构、部件术语

1. 驱动、行驶装置

(1)辅助系统:驱动系统以外的用电或采用电能操纵的车载系统。例如:灯具、风窗玻璃刮水电机、音响等。

(2)车载能源:变换器和储能装置的组合。

(3)驱动系统:汽车起动后,能依据驾驶员的操作指令,给车辆提供驱动力的系统。

2. 动力系

动力单元与传动系的组合。

(1)电驱动系统:由驱动电机、动力电子装置和将电能转换到机械能的相关操纵装置组成的系统。

(2)电动动力系:包括了电源动力系统与传动系统的动力系。

(3)混合动力系:混合动力汽车的动力系,包括一项可以添加燃料的动力源与一项电动动力系。

3. 前后方向控制器

通过驾驶员操作,用来选择汽车行驶方向(前进或后退)的专用装置,例如:操纵杆或按键开关。

4. 整车控制器

动力总成控制器,采集加速踏板信号、制动信号及其他部件信号,并做出相应判断后,控制下层的各部件控制器的动作,可实现整车驱动、制动、能量回收。

5. 电力系统

产生、输送、使用电能的电路系统,包括电源。

6. 制动能量回收系统

汽车滑行、减速或下坡时,将车辆行驶过程中的动能及势能转化或部分转化为车载可充电储能系统的能量存储起来的系统。

7. 动力蓄电池系统

一个或一个以上蓄电池包及相应附件(蓄电池管理系统、高压电路、低压电路、热管理设备以及机械总成)构成的为电动汽车整车的行驶提供电能的能量存储装置。

8. 驱动电机系统

驱动电机、驱动电机控制器及其工作必需的辅助装置的组合。

9. 高压系统

电动汽车内部 B 级电压以上与动力电池直流母线相连或由动力电池电源驱动的高压驱动零部件系统,主要包括但不限于:动力电池系统和/或高压配电系统(高压继电器、熔断器、电阻器、主开关等)、电机及其控制器系统、DC/DC 变换器和车载充电机等。

(四)车身、底盘术语

(1)电池托架:为便于安装承载动力蓄电池的装置。有移动式和固定式之分。

(2)电平台:一组电器相连的可导电部分,其电位作为基准电位。

(3)动力电缆:驱动用电机动力电路所用的电线。

(4)充电插孔:在车身上安装充电用插座(传导式充电)或充电口(感应式充电)的装置。

(5)乘员舱:由顶盖、地板、侧围、车门、玻璃窗和前围、后围或后座椅靠背支撑板以及防止乘员接触带电部件的电气保护遮拦、外壳围成的容纳乘员的空间。

(五)电气装置及部件

(1)储能装置:安装在电动汽车上储存电能的装置,包括各种动力蓄电池、超级电容和飞轮电池等或其组合。

(2)带电部分:正常使用时通电的导体或导电部分。

(3)可导电部分:能够使电流通过的部分,在正常工作状态下不带电,但在基本绝缘失效的情况下,可能成为带电部分。

(4)外露可导电部分:可以通过 IP×××(防护等级代码)关节试指触及的可导电部分。

注:本概念是针对特定的电路而言,一个电路中的带电部分也许是另一个电路中的外露导体。例如乘用车车身可能是辅助电路的带电部分,但对于动力电路来说它是外露的导体。

(5)主开关:用于开、关动力蓄电池和控制其主电路的开关。

(6)绝缘电阻检测系统:对动力蓄电池及连接高压母线和汽车底盘之间的绝缘电阻进行定期(或持续)监测的系统。

(7)维护插接器:当维护和更换动力蓄电池时断开电路的装置。

(8)高压母线:当REESS相连接的高压电路,包括REESS的对外输出部分和充电部分。
(9)电力系统负载:断开所有可充电储能系统和燃料电池堆,剩下的B级电压电路。

(六)指示器、信号装置术语

(1)电池过热报警装置:当动力蓄电池的温度超出限值时,发出报警信号的装置。
(2)电池液位报警装置:当动力蓄电池的电解液液位过低需要补充时,发出报警信号的装置。
(3)剩余电量显示器:显示动力蓄电池剩余电量的仪器。
(4)电机超速报警装置:当电机的转速超过限值时,发出警报信号的装置。
(5)电机过热报警装置:当电机温度超出限值时,发出报警信号的装置。
(6)电机过流报警装置:当电机的电流超过限值时,发出报警信号的装置。
(7)控制器过热报警装置:当控制器的温度超出限值时,发出报警信号的装置。
(8)绝缘失效报警装置:当主电路绝缘电阻低于限值,发出报警信号的装置。
(9)可运行指示器:显示车辆可以正常运行的装置。
(10)制动能量回收指示器:显示电制动系统能量回收强弱的装置。

(七)性能、行驶术语

(1)放电能量(整车):电动汽车行驶中,由储能装置释放的电能,单位为Wh。
(2)再生能量:行驶中的电动汽车再生制动回收的电能,单位为Wh。
(3)续驶里程:电动汽车在动力蓄电池完全充电状态下,以一定的行驶工况,能连续行驶的最大距离,单位为km。
(4)能量消耗率:电动汽车经过规定的试验循环后对动力蓄电池重新充电至试验前的容量,从电网上得到的电能除以行驶里程所得的值,单位为Wh/km。
(5)最高车速:电动汽车能够往返各持续行驶1km以上距离的最高平均车速。
(6)30min最高车速:电动汽车能够持续行驶30min以上的最高平均车速。
(7)加速能力V_1至V_2:电动汽车从速度V_1加速到V_2所需的最短时间。
(8)坡道起步能力:电动汽车在坡道上能够启动且1min内向上行驶至少10m的最大坡度。
(9)动力系效率:在纯电动情况下,从动力系输出的机械能除以输入动力系的电能所得的值。
(10)爬坡车速:电动汽车在给定的坡道上能够持续行驶1km以上的最高平均车速。
(11)再生制动:汽车滑行、减速或下坡时,将车辆行驶过程中的动能及势能转化或部分转化为车载可充电储能系统的能量存储起来的制动过程。

(八)安全术语

(1)误起步:车辆在不期望的情况下发生的起步移动。
(2)爬电距离:在两个可导电部分之间沿固体绝缘材料表面的最短距离。
(3)直接接触:人或动物与带电部分的接触。
(4)间接接触:人或动物与基本绝缘失效情况下变为带电的外露可导电部分的接触。
(5)基本绝缘:带电部分上对接触(在没有故障的状态下)起基本防护作用的绝缘。
(6)附加绝缘:为了防止在基本绝缘失效情况下触电而使用的独立绝缘。

(7)双重绝缘:同时具有基本绝缘和附加绝缘的绝缘。

(8)加强绝缘:为防止直接接触所提供的相当于双重绝缘防护等级的带电部分上的绝缘结构。

注:"绝缘结构"一词并不意味着绝缘是同类材料,它可以由几种不同于基本绝缘或附加绝缘那样能够单独测试的绝缘层组成。

(9)防护等级:按照 GB/T 30038 定义,对带电部分的试指(IPXXB)、试棒(IPXXC)或试线(IPXXD)接触所提供的的防护程度。

(九)质量术语

(1)电动汽车整车整备质量:包括车载储能装置在内的整车整备质量。

(2)电动汽车试验质量:电动汽车整车整备质量与试验所需附加质量的总和。

二、电机及控制器术语规范

(一)电机及控制器术语

(1)电机:将电能转换为机械能或将机械能转换为电能的装置,它具有能做相对运动的部件,是一种依靠电磁感应而运行的电气装置。

(2)发电机:将机械能转换为电能的电机。

(3)电动机:将电能转换为机械能的电机。

①驱动电机:为车辆行驶提供驱动力的电动机。

②辅助电机:驱动电机以外的电动机。

(4)电机控制器:控制动力电源与电机之间能量传输的装置,由控制信号接口电路、电机控制电路和驱动电路组成。

(二)电机类型术语

(1)串励直流电机:励磁绕组和电枢绕组串联的直流电机。

(2)并励直流电机:励磁绕组和电枢绕组并联的直流电机。

(3)无刷直流电机:用电子电路取代电刷和机械换向器的直流电机,它通常由永磁转子电机本体、转子位置传感器和电子换向电路三部分组成。

(4)交流感应电机:定子及转子为独立绕组,两者通过电磁感应来传递转矩,其转子以低于/高于气隙旋转磁场转速旋转的交流电机。

(5)交流同步电机:转子与气隙旋转磁场同步旋转的交流电机。

①永磁同步电机:转子采用永磁材料励磁的同步电机。

②电励同步电机:转子上的励磁绕组通过集电环接至转子外部励磁电源的同步电机。

(6)开关磁阻电机:采用定转子凸级且级数相接近的大步距磁阻式步进电机的结构,利用转子位置传感器通过电子功率开关控制各相绕组导通使之运行的电机。

(三)控制器部件术语

变换器:使电气系统的一个或多个特性(电流、电压、波形、相数、频率)发生变化的装置。

(1)逆变器:将直流电转换为交流电的变换器。

(2)整流器:将交流电转换为直流电的变换器。

(3)斩波器:将输入的直流电压以一定的频率通断,从而改变输出的平均电压的变换器。

(四)相关装置术语

(1)DC/DC变换器:将某一直流电源电压转换成任意直流电压的变换器。

(2)冷却装置:用于冷却电机及控制器的装置。

(五)性能参数术语

(1)额定功率:在额定条件下的输出功率。

(2)峰值功率:在规定的持续时间内,电机允许的最大输出功率。

(3)额定转速:额定功率下电机的最低转速。

(4)最高工作转速:相应于电动汽车最高设计车速的电机转速。

(5)额定转矩:电机在额定功率和额定转速下的输出转矩。

(6)峰值转矩:电机在规定的持续时间内允许输出的最大转矩。

(7)堵转转矩:转子在所有角位堵住时所产生的转矩最小测得值。

(8)电压控制方式:通过改变电机端电压而实现控制转速的方式。

(9)电流控制方式:通过改变电机绕组电流而实现控制转速的方式。

(10)频率控制方式:通过改变电机的电源频率而实现控制转速的方式。

(11)矢量控制:将交流电机的定子电流作为矢量,经坐标变换分解成与直流电机的励磁电流和电枢电流相对应的独立控制电流分量,以实现电机转速/转矩控制的方式。

(12)直接转矩控制:用空间矢量的分析方法,直接在定子坐标系下计算并控制交流电动机的转矩,采用定子磁场定向,借助于离散的两点式调节产生PWM信号,直接对逆变器的开关状态进行控制,以获得转矩的高动态性能的控制方式。

(13)再生制动控制:通过驱动电机由电动状态转换为发电状态,将行驶中车辆的动能转换为电能回充至车载储能装置而实现对车速控制的控制方式。

(14)弱磁控制:通过减弱气隙磁场控制电机转速的控制方式。

(15)输出特性:电机的转矩、输出功率与转速的关系。

①连续输出特性:在规定的条件下,电机和控制器非限时连续运行的最大输出特性。

②短时输出特性:在规定的条件下,电机和控制器在规定的时间内连续运行的最大输出特性。

(16)电机及控制器整体效率:电机转轴输出功率除以控制器输入功率乘以100%。

三、蓄电池术语规范

(一)按用途分类

(1)蓄电池:一种将所获得的电能以化学能的形式存储并可以将化学能转变为电能的一种电化学装置,可以重复充电和放电。

(2)动力蓄电池:为电动汽车动力系统提供能量的蓄电池。

(3)辅助蓄电池:为电动汽车辅助系统供电的蓄电池。

(二)按工作介质分类

(1)铅酸蓄电池:正极活性物质使用二氧化铅,负极活性物质使用铅,并以硫酸溶液为电解液的蓄电池。

(2)金属氢化物镍蓄电池:正级使用镍氧化物,负极使用可吸收释放氢的贮氢合金,以氢氧化钾为电解质的蓄电池。

（3）锂离子蓄电池：利用锂离子作为导电离子，在阳极和阴极之间移动，通过化学能和电能相互转化实现充放电的电池。

（4）聚合物锂离子蓄电池：正级、负极、电解质三者中至少有一种由聚合物材料构成的锂离子蓄电池，其凝胶状电解质一般由聚合物膜与有机电解质构成。

（三）结构、部件术语

（1）单体蓄电池：将化学能与电能进行相互转换的基本单元装置，通常包括电极、隔膜、电解质、外壳和端子，并被设计成可充电。也称作电芯。

（2）蓄电池模块：将一个以上单体蓄电池按照串联、并联或串并联方式组合，并作为电源使用的组合体。也称作蓄电池组。

（3）蓄电池管理系统：监视蓄电池的状态（温度、电压、荷电状态等），可以为蓄电池提供通信、安全、电芯均衡及管理控制、并提供与应用设备通信接口的系统。

（4）蓄电池辅助装置：蓄电池系统正常工作所需的蓄电池托架、冷却系统、温控系统等部件。

（5）蓄电池系统：一个或一个以上蓄电池包括相应附件（管理系统、高压电路、低压电路、热管理设备及机械总成等）构成的能量存储装置。

（四）部件及相关设备术语

（1）活性物质：在电池充放电过程中发生化学反应以存储或释放电能的物质。

（2）电解质：含有可移动离子并具有离子导电性的液体或固体物质。

注：电解质可以是液体、固体或凝胶体。

（3）电芯壳体：将单体蓄电池内部部分封装并为其提供放置于外部直接接触的保护部件。

（4）液孔塞：装在单体蓄电池盖上的注液孔塞，它具有排气、防沫结构和防爆功能。

（5）安全阀：为能释放蓄电池中的气体以避免过大的内压而特殊设计的排气阀。

（6）端子：用于外电路连接电池正极、负极的导电部件。

（7）端子盖：为防止端子（极柱）间发生短路的盖。

（8）排气装置：将充电时因电化学反应产生的气体，在蓄电池内外压差作用下，排出蓄电池外的装置。

（9）高压熔断器：高压电路的短路保护装置。

（10）高压继电器：过辅助控制电路，控制流经线圈电流产生的磁场，使触头闭合、分断，具备灭弧能力，可实现带载通断，以达到控制负载的电器。

（11）高压预充电阻：限制高压预充电回路电流的电阻。

（12）高压维修开关：为车辆维修时切断动力电池高压输出的开关或相关装置。

（13）电流传感器：能监测电流并转换成可用输出信号的传感器。

（14）温度传感器：能监测温度并转换成可用输出信号的传感器。

（五）放电术语

（1）放电：将蓄电池里贮存的化学能以电能的方式释放出来的过程。

（2）工况放电：模拟实际运行时的负荷，用相应的负载进行放电的过程。

(3)恒流放电:蓄电池以某个设定的恒定电流进行放电。

(4)恒压放电:蓄电池以某个设定的恒定电压进行放电。

(5)恒功率放电:蓄电池以某个设定的恒定功率进行放电。

(6)赔率放电:蓄电池以1h放电率电流值的倍数进行放电。

(7)放电深度:表示蓄电池放电状态的参数,等于实际放电容量与可用容量的百分比。

(8)过放电:当电芯或电池完全放电后继续进行放电。

(六)充电术语

(1)涓流充电:为补偿自放电效应,使蓄电池保持在近似完全充电状态的连续小电流充电。

(2)充电特性:充电时蓄电池的电流、电压等与时间、荷电状态之间的关系。

(3)完全充电:电池贮存的容量达到制造商规定的充电截止(终止)条件时即被认为完全充电。

(4)过充电:当电芯或电池完全充电后继续进行充电。

(5)荷电状态:当前蓄电池中按照规定放电条件可以释放的容量占可用容量的百分比。

(七)充、放电共用术语

(1)n 小时率:表示蓄电池放电电流大小的参数,如果以电流 I 放电,蓄电池在 n 小时内放出的电量为额定容量,该放电率称为 n 小时放电率。

(2)温度特性:表示蓄电池性能随温度变化的特性。

(3)容量。

①容量:完全充电的蓄电池在规定条件下所释放出的总容量,单位为 Ah。

②额定容量:在规定条件下测得的并由制造商标明的电池容量值。

③n 小时率容量: 完全充电的蓄电池以 n 小时率放电电流放电,达到规定终止条件时所释放的容量。

④初始容量:新出厂的动力蓄电池,在室温下,完全放电后,以 1 小时率放电电流放电至企业规定的放电终止条件时所放出的容量(Ah)。

⑤可用容量:在规定条件下,从完全充电的蓄电池中释放的容量值。

⑥理论容量:假设活性物质完全被利用,蓄电池可以释放的容量值。

⑦贮存性能:表示蓄电池长期搁置后容量、内阻等参数的变化特性。

⑧容量恢复能力:完全充电的蓄电池在一定温度下贮存一定时间后,再完全充电,其后放电容量与初始容量之比。

(4)能量。

①初始能量:新出厂的动力蓄电池,在室温下,完全充电后,以 1 小时率电流放电至企业规定的放电终止条件时所放出的电能(Wh)。

②放电能量:蓄电池放电时输出的电能,单位为 Wh。

③额定容量:室温下完全充电的蓄电池以 1 小时率电流放电,达到放电终止电压时放出的能量(Wh)。

(5)功率。

①峰值放电功率:蓄电池在特定时间(一般不大于 30s)内能够放电的最大功率。

②峰值充电功率:蓄电池在特定时间内以规定条件能够充电的最大功率。

③高温启动功率:蓄电池系统 SOC 在 20% 或制造商允许的最低 SOC 时,在 40° 下恒压放电(可以根据制造商提供的参数设定放电电流上限)输出的功率。

④低温启动功率:蓄电池系统 SOC 在 20% 或制造商允许的最低 SOC 时,在 -20° 下恒压放电(可以根据制造商提供的参数设定放电电流上限)输出的功率。

(6)密度。

①能量密度:从蓄电池的单位质量或单位体积所获得的电能,用 Wh/kg、Wh/L 表示,也称作比能量。

②质量能量密度:从蓄电池的单位质量所获得的电能,用 Wh/kg 表示。也称作比能量或质量比能量。

③体积质量密度:从蓄电池的单位体积所获得的电能,用 Wh/L 表示。也称作体积比能量。

④功率密度:从蓄电池的单位质量或单位体积所获得的输出功率,用 W/kg、W/L 表示。也称作比功率或质量比功率。

⑤质量功率密度:从蓄电池的单位质量所获取的输出功率,用 W/kg 表示。也称作比功率或质量比功率。

⑥体积功率密度:从蓄电池的单位体积所获得的输出功率,用 W/L 表示。也称作体积比功率。

(7)电压。

①标称电压:由厂家指定的用以表示电池的适宜的电压近似值。

②开路电压:蓄电池在开路条件下的端电压。

③平均电压:在规定的充放电过程中,用瓦时数除以安时数所得到的值,它不是某一段时间内的平均电压(除了在定电流情况下)。

④负载电压:蓄电池接上负载后处于放电状态下的端电压。

⑤电压-电流特性 U-I 特性:蓄电池在充/放电过程中,电压与电流关系的特性。

⑥充电截止(终止)电压:蓄电池正常充电时允许达到的最高电压。

⑦放电截止(终止)电压:蓄电池正常放电时所允许达到的最低电压。

⑧放电电流;放电时蓄电池输出的电流。

⑨内阻:蓄电池中电解质、正负极群、隔膜等电阻的总和。

(8)效率。

①充电效率:库仑效率与能量效率的总称。

②库仑效率(安时效率):放电时从蓄电池中释放的容量与同循环过程中充电容量的比值。

③能量效率(瓦时效率):放电时从蓄电池中释放的能量与同循环过程中充电能量的比值。

(9)寿命。

①使用寿命:描述动力蓄电池可使用时间的通用术语,可以表示为工作循环数或时间。

②循环寿命:在指定的充放电终止条件下,以特定的充放电制度进行充放电,动力蓄电

池在不能满足寿命终止标准前所能进行的循环数。

③日历寿命：动力蓄电池在不能满足寿命终止标准前能够接受指定操作的时间。

④寿命开始：蓄电池经特定程序测试后，能够满足特定的标准，并且可以使用时为寿命开始。

⑤寿命终止：在特定测试标准下，蓄电池不能满足特定的容量、能量或功率性能标准时为寿命终止。

（10）现象。

①自放电：蓄电池内部自发的或不期望的化学反应造成可用容量自动减少的现象。

②内部短路：蓄电池内部正极与负极间发生短路的现象。

③热失控：蓄电池放热连锁反应引起的电池自温升速率急剧变化的过热、起火、爆炸现象。

④热扩散：电池系统内由单体蓄电池热失控引起的其余单体蓄电池接连发生温度上升的现象。

⑤起火：蓄电池任何部位发生持续燃烧（持续时间长于1s），火花及拉弧不属于燃烧。

⑥爆炸：蓄电池外壳猛烈破裂，伴随剧烈响声，且有主要成分抛射出来。

⑦漏液：蓄电池内部电解液泄漏到电池壳体外部。

⑧泄气：单体电池或电池组中内部压力增大时，气体通过预先设计好的方式释放出来。

⑨记忆效应：蓄电池经过长期浅充浅放电循环后，进行深放电时，表现出明显的容量损失和放电电压下降，经数次全充/放电循环后，电池特性即可恢复的现象。

(八) 充电机术语

（1）电动汽车充电：以受控的方式将电能从车外电源传输到电动汽车的蓄电池或其他车载储能装置中的过程。

（2）充电能量：用于充电的电能，有交流充电能量和蓄电池充电能量两种。

（3）交流充电能量：通过交流电源输入充电机的电能，单位为 Wh。

（4）蓄电池充电能量：通过充电机输入蓄电池的电能，单位为 Wh。

（5）充电电流：充电机充电时的输出电流。

（6）充电电压：充电机充电时的输出端电压。

（7）充电机：控制和调整蓄电池充电的电能转换装置。

①车载充电机：固定的安装在车上的充电机。

②非车载充电机：所有部件均不安装在车上的充电机。

（8）充电方式。

①传导充电：利用电传导给蓄电池进行充电的方式。

②感应充电：利用电磁感应给蓄电池进行充电的方式。

（9）控制方式。

①均衡充电：为确保蓄电池中所有单体蓄电池荷电状态均匀的一种延续充电。

②恒流充电：以一个受控的恒定电流给蓄电池进行充电的方式。

③恒压充电：以一个受控的恒定电压给蓄电池进行充电的方式。

④脉冲充电：以脉冲电流给蓄电池进行充电的方式。

(九)结构、部件术语

(1)直流电源:提供直流电能的装置。

(2)充电电缆:给电动汽车充电用的连接线。

(3)充电连接器:充电电缆与电动汽车的连接装置。

(4)充电计时器:设定充电时间的装置。

(5)锁止机构:机械锁止充电连接器的装置。

(6)充电控制器:对充电过程进行控制的装置。

(十)规格、性能术语

(1)额定频率:交流电源输出频率的额定值。

(2)额定[交流]输入容量:在规定条件下,充电机工作时的[交流]输入容量,一般用(VA)表示。

(3)输入频率:交流输入电源的频率。

(4)频率变动范围:交流输入电源的频率允许变动范围。

(5)效率:输出与输入能量之比。

(6)电压调节范围:充电机输出电压的可调整范围。

(7)电压变动范围:充电机的交流输入电源电压的允许变动范围,(恒压充电)直流输出电压的变动范围。

(8)电压脉动:叠加在直流电流上的脉动电压。

(9)电流脉动:叠加在直流电流上的脉动电流。

(10)谐波电流:与基本频率以外成整数倍的电流的总称。

(11)冲击电流:充电机启动时1至数个周期内产生的过大交流(输入)电流,一般用峰值表示。

(12)高频噪声:由充电机发出的传导性及辐射性电磁噪声。

(13)传导噪声:重叠或侵入充电机输入或输出端接线的高频电磁噪声。

(14)辐射噪声:充电机传播并发射到空间的高频电磁噪声。

四、电动汽车驱动电机故障分级标准及规范

中华人民共和国汽车行业标准《电动汽车用驱动电机系统故障分类及判断》(QC/T 893—2011)。

1. 范围

本标准规定了电动汽车用驱动电机系统故障的确认原则、故障模式和故障分类。本标准适用于各类电动汽车用驱动电机系统。

2. 故障模式的确认原则

(1)原则上应以驱动电机(以下简称电机)、电机控制器的零部件及二者之间的连线的故障模式来描述故障。

(2)难以用零部件的故障模式描述或无法确认是某一零部件发生故障时,可以用上一级部件直至驱动电机或电机控制器的故障模式进行描述。

(3)表现为驱动电机系统综合功能或性能方面的故障,则以驱动电机系统的故障模式进

行描述。

(4)由于某一个故障导致关联性故障发生,应以导致的级别最高的故障划分类别。

(5)对于所发生的故障进行判别分类时,如果故障发生延伸,则根据第 5 章分级定性判别。

3.故障分类

根据故障的危害程度,驱动电机故障可分为致命故障、严重故障、一般故障、轻微故障四级。故障特性描述见表1-1。故障模式分类举例见表1-2~表1-5。

驱动电机系统的故障类型　　　　　　　表1-1

故障等级	故障类型	故障特性描述
1级	致命故障	(1)危及人身安全
		(2)影响行车安全
		(3)对周围环境造成严重危害
		(4)造成车辆在故障发生地不能行驶
		(5)主要零部件功能失效
		(6)引起整车其他相关主要零部件严重损坏
2级	严重故障	(1)造成车辆不能正常行驶,但可以从发生故障地点移动到路边,等待救援
		(2)性能发生较明显的衰退
3级	一般故障	(1)非主要零部件故障,可以从发生故障地点非正常开到停车场
		(2)非主要零部件故障,能用易损备件和随车工具在短时间内排除
4级	轻微故障	(1)不需更换零部件,车辆仍能正常运行
		(2)不需更换零部件,可用随车工具在短时间内排除

驱动电机系统致命故障　　　　　　　表1-2

序号	零部件名称	故障模式	情况说明
1	电机定子绕组	烧损	电机绕组之间由于短路或电机运行温度过高造成烧损
2	电机定子绕组	击穿	电机绕组绝缘击穿,造成对电机外壳短路或绕组匝间短路
3	电机转速/位置传感器	功能失效	不能产生电机转速/位置信号,造成驱动电机系统不能工作
4	转子花键	断裂或碎裂	转子花键断裂或异常磨损,不能传递转矩
5	接线板	烧损	控制器和电机之间电气连接失效
6	接线板	击穿	控制器输出线间短路或对外壳短路
7	电机轴承	碎裂	电机轴承碎裂,不能正常支撑转子
8	电机轴承	烧损	电机轴承温度过高,造成内部润滑脂蒸发,出现烧损,不能正常支承转子
9	控制器电容器	烧损	控制器电容器本体或连接失效
10	控制器电容器	击穿	控制器电容器正负极之间或对外壳短路
11	控制器功率器件	烧损	功率器件功能失效
12	控制器功率器件	击穿	功率器件的阳板、阴极、门极之间或端子对外壳短路

续上表

序号	零部件名称	故障模式	情况说明
13	控制器电压、电流传感器	烧损	传感器功能失效,造成控制器不能工作
14	控制器电压、电流传感器	击穿	传感器正负极之间或对外壳短路,造成控制器不能工作
15	充电接触器、主接触器	烧损	接触器线包或触头烧损,功能失效,造成控制器不能工作
16	充电接触器、主接触器	间隙超差	接触器无法可靠接触或断开,造成控制器不能工作
17	电路板	烧损	电路板部分元器件烧损,造成电路板的部分或全部功能失效,控制器不能工作
18	电路板	击穿	电路板部分元器件或带电部分对安装支座外壳击穿,造成控制板部分或全部功能丧失,控制器不能工作
19	充电电阻	烧损	控制器不能工作
20	熔断器	烧损	控制器不能工作
21	电缆线和连接件	烧损	电缆线和连接件因磨损或其他原因造成短路、接地等故障,造成控制器不能工作
22	温度传感器	烧损	传感器功能失效,造成控制器不能工作
23	温度传感器	击穿	信号线间短路或对壳体短路,造成控制器不能工作
24	电机安装支座	脱落	电机发生明显位移,造成车辆无法安全行驶
25	电机永磁体	性能衰退	驱动电机系统400h可靠性试验后,电机失磁过高,造成最大转矩或最大功率性能低于技术条件规定指标的5%
26	通信	功能失效	控制器不能工作
27	软件	功能失效	控制器不能工作

驱动电机系统严重故障　　　　　　　　　　　　　　　表1-3

序号	零部件名称	故障模式	情况说明
1	电机永磁体	性能衰退	电机的性能低于技术条件规定的指标,造成整车动力性能下降
2	电机转速/位置传感器	功能失效	不能产生电机转速/位置信号,但驱动电机系统能在故障模式下工作
3	冷却风机	烧损	因冷却风机不能运转,控制器或电机无法连续正常工作
4	冷却风机	干涉	风机风罩与叶片干涉,造成风机不能正常运转,控制器或电机无法连续正常工作
5	冷却液泵	烧损	因冷却液泵不能运转,控制器或电机无法连续正常工作
6	控制器和电机冷却管路	堵塞	因冷却液无法循环,造成控制器或电机无法连续正常工作
7	控制器和电机冷却管路	漏液	冷却系统缺冷却液,控制器或电机无法连续正常工作

续上表

序号	零部件名称	故障模式	情况说明
8	电机轴承	异常磨损	电机轴承出现非正常磨损,需对轴承进行清洗润滑处理后电机仍可正常使用
9	风机或水泵接触器	间隙超差	接触器无法可靠接触或断开,造成风机和水泵无法正常起动,控制器或电机无法连续正常工作
10	温度传感器	烧损	传感器功能部分失效,控制器无法连续正常工作
11	温度传感器	击穿	信号线间短路或对壳体短路,控制器无法连续正常工作
12	电缆线和连接件	磨损	电缆和连接件因磨损造成短路、接地等故障,造成控制器无法连续正常工作
13	电机安装支座	脱落	电机发生明显晃动或振动,造成车辆无法连续行驶
14	软件	性能失调	造成控制器无法连续正常工作
15	电机	异响	车辆回修理厂检查电机轴承,对其进行清洗和润滑或更换处理

驱动电机系统一般故障 表1-4

序号	零部件名称	故障模式	情况说明
1	冷却风机	烧损	乘客下车,车辆缓慢回到修理厂
2	风机或水泵接触器	烧损	风机或水泵无法起动,车辆缓慢回到修理厂
3	风机或水泵接触器	间隙超差	风机或水泵无法起动,车辆缓慢回到修理厂
4	电机定子绕组	温度过高	车辆可缓慢回到修理厂
5	电机连接螺栓	松动	个别松动,需进修理厂紧固
6	控制器连接螺栓	松动	个别松动,需进修理厂紧固
7	电机冷却管路接头	漏液或渗液	紧固接头处,需进修理厂紧固
8	控制器冷却管路接头	漏液或渗液	紧固接头处,需进修理厂紧固
9	散热器	漏液或渗液	需进修理厂修理或更换
10	控制器插头	松动	插头重新插接
11	电缆线和连接线	磨损	磨损处用绝缘胶带和波纹管包好
12	电机安装支座	脱落	个别脱落,不影响行车安全,需进修理厂修理
13	线束	松动	需进修理厂检查修理
14	温度传感器	烧损	传感器功能部分失效,控制器可在限制条件下工作,需更换传感器

驱动电机系统轻微故障 表1-5

序号	零部件名称	故障模式	情况说明
1	安装螺栓	松动	个别松动,紧固螺栓
2	导线固定件	松动	个别松动,紧固固定件
3	外壳	腐蚀	外壳锈蚀
4	外壳	剥离	外壳油漆剥离
5	外壳	脱落	非关键焊点脱落
6	可恢复性故障保护	性能失调	出现故障保护且自动在很短的时间内恢复或关闭电源后重新起动能够自动恢复

4．驱动电机系统故障模式

1）损坏型故障模式

损坏型故障模式主要包括：

（1）断裂：具有有限面积的几何表面分离。发生断裂的位置如控制器的壳体、电机机座、端盖等。

（2）碎裂：零部件变成许多不规则形状的碎块的现象。发生碎裂的位置如轴承、转子花键等。

（3）裂纹：在零部件表面或内部产生的微小的裂纹。发生裂纹的位置如控制器的壳体、电机机座、端盖等。

（4）开裂：焊接处、钣金件、非金属件产生的可见裂纹。发生开裂的位置如绝缘板、接线板、电缆线等。

（5）点蚀：零部件表面产生的点状剥蚀。发生点蚀的位置如电机花键。

（6）烧蚀：零部件表面因局部熔化而发生的损坏。发生烧蚀的位置如断路器。

（7）击穿：绝缘体丧失绝缘，出现放电现象，造成损坏。发生击穿的对象如电机绕组、电容、功率器件等。

（8）变形：零部件在外力作用下改变原有的形状的现象。如电机转轴的弯曲或扭转变形，控制器外壳的变形等。

（9）压痕：零部件表面产生的凹状痕迹。如转子花键表面的压痕。

（10）烧损：由于运行温度超过零部件的允许温度，且持续一定时间，造成全部或部分功能失效。发生烧损的位置如定子绕组、功率器件、电容、电路板、风机电动机等。

（11）磨损：由于摩擦使相互配合零件表面磨蚀严重而影响该配合零部件正常工作的物理现象，或非配合零部件表面磨损严重而影响其中一个零部件正常工作的物理现象。如电缆线、连接线等。

（12）短路：电路中不同电位之间由于绝缘损坏发生线路短路。

2）退化型故障模式

退化型故障模式主要包括：

（1）老化：非金属零部件随使用时间的增长或周围环境的影响，性能衰退的现象。如绝缘板、密封垫、密封圈等的老化。

（2）剥离：金属、非金属或油漆层以薄片状与原表面分离的现象。

（3）异常磨损：运动零部件表面产生的过快的非正常磨损。如转子花键的磨损。

（4）腐蚀：外壳、电连接器、电路板的氧化、锈蚀。

（5）退磁：永久磁体退磁。

3）松脱型故障模式

松脱型故障模式主要包括：

（1）松动：连接件丧失应具有的紧固力或过盈失效。如连接螺栓、轴承、转子铁芯等。

（2）脱落：连接件丧失连接而造成的零部件分离的现象。如悬架的连接等。

4）失调型故障模式

失调型故障模式主要包括：

(1)间隙超差:触点间隙或配合间隙超出规定值而影响功能的现象。如:接触器、轴承等的间隙超差。

(2)干涉:运动部件之间发生相碰或不正常摩擦的现象。如:风机叶片和风扇转速传感器与齿盘、电机定子和转子之间的干涉。

(3)性能失调:关键输出量不稳定。如输出转矩、转速的振荡、不稳定。

5)堵塞与渗漏型故障模式

堵塞与渗漏型故障模式主要包括:

(1)堵塞:在管路中流体流动不畅或不能流动的现象。如:液冷电机和控制器的管路。

(2)漏水:在密闭的管道及容器系统中,有液体成滴或成流泻出的现象。

(3)渗水:在水密闭的管道及容器系统中,有液体痕迹,但不滴落的现象。

6)性能衰退或功能失效型故障模式

性能衰退或功能失效型故障模式主要包括:

(1)性能衰退:在规定的行驶里程或使用寿命内,电机及控制器的性能低于技术条件规定的指标的现象。如最大输出转矩、功率出现明显下降造成整车动力性能下降。

(2)功能失效:由于某一局部故障导致电机或控制器某些功能完全丧失的现象。

(3)公害限值超标:产品的噪声超过规定的限值。

(4)异响:电机或控制器工作时发出非正常的声响。

(5)过热:电机或控制器的整体或局部的温度超过规定值。

五、电动汽车维护作业标准

一级维护工作规范(每间隔5000Km),见表1-6。

一 级 维 护 规 范　　　　表1-6

序号	维护项目	作业内容	技术要求
1	24V蓄电池及DC/DC变换器	(1)检视、清洁、紧固、视情添加电解液; (2)检视蓄电池、电源总闸、个连接线; (3)检查DC/DC变换器情况	(1)蓄电池、电源总闸安装牢固,桩头牢固、完好,外部清洁,通气孔完好,蓄电池液面高度必须高出极板10~15mm; (2)各连接导线无破损、碰擦,连接良好; (3)DC/DC变换器高低压接线端子连接牢靠,无松动。风扇转动灵活,挡圈上无异物,必要时清洁外表面
2	高压配电箱	(1)检查配电箱安装状况; (2)检查接线情况; (3)检视、清洁	(1)配电箱固定螺栓连接牢固,无松动,减振垫完好无破损,外壳接地线牢固无松动; (2)接线牢固,无松动,线束自带保护罩应安装到位; (3)用干布或鸡毛掸去尘,保持干燥、干净

续上表

序号	维护项目	作业内容	技术要求
3	驱动电机及电机控制器	（1）检查电机 U、V、W 端子接线情况； （2）检查电机后端旋转变压器情况； （3）电机固定机爪垫； （4）电机及控制器冷却管路情况； （5）检查电机控制器接线端子情况； （6）检查清洁驱动电机表面粉尘情况； （7）检视电机输入线及接线盒	（1）电机接线盒完好，U、V、W 端子接线牢固，无松动； （2）旋转变压器外观完好，无破损，旋转变压器出线端子无松动； （3）固定螺栓紧固，无松动； （4）冷却管路接头及连接可靠，冷却液无渗漏； （5）电机控制器 +、-、U、V、W 端子接线牢固，无松动，控制线束插接件和旋转变压器插接件连接牢靠，电机和控制器外壳接地线连接牢靠，无松动； （6）驱动电机表面用干布去尘或用吸尘器吸尘，保持干燥、干净、散热筋的沟槽内无异物。输入电线的绝缘层无破损，接线盒完好
4	电机转向泵	（1）检查电动转向泵总成的总体情况； （2）检查液压管路情况； （3）检查转向电机变频器； （4）检查清洁电机和变频器表面粉尘情况	（1）泵和电机连接牢靠，螺栓无松动，与底盘连接的减振垫螺栓无松动，减振垫完好无破损，电机尾端风扇转动灵活，风扇罩内无异物； （2）液压管路接头连接牢靠，无渗漏； （3）变频器的 +、- 极，U/V/W 端子接线牢靠，无松动，24V 控制端子连接牢靠，变频器冷却风扇运转灵活，风扇挡圈无异物； （4）用干布去尘或用吸尘器吸尘，保持干燥、干净，散热筋的沟槽内无异物
5	整车控制器	（1）检查接线情况； （2）检视、清洁	（1）接线牢固、无松动； （2）用干布或鸡毛掸去尘，保持干燥、干净
6	电机散热器	（1）检视、清洁、紧固； （2）检查电动水泵； （3）检视冷却水路连接； （4）检查散热器控制器	（1）散热器总成与底盘连接牢固、完好，散热器表面应该清洁，无明显异物附着，风扇转动灵活无异响； （2）清楚水泵表面尘土，水泵固定螺栓牢固无松动； （3）连接管线连接良好，无破损、碰擦； （4）散热器控制器固定牢固，无松动，各线束插接器连接牢固，无松动
7	动力蓄电池舱检查	（1）检视各电池箱安装情况； （2）检视电池箱接线端子； （3）检视、清洁	（1）要求各电池箱箱体与底盘固定牢靠，无松动； （2）各接线端子连接牢靠无松动，护套无错位； （3）用干布或鸡毛掸去尘，保持干燥、干净

续上表

序号	维护项目	作业内容	技术要求
8	整车高压电气线束检查	(1)检查后舱外包橙色波纹管的高压线束状况； (2)检查底盘不外包橙色波纹管的高压线束状况	(1)高压线路应该无破损，捆扎固定牢固、无碰擦部位，与低压电器线路无交叉； (2)高压线路应无破损，捆扎牢固，无碰擦部位，与低压电器线路无交叉，线束固定位置应高于周边车架，无刮擦风险

思考与练习

(一) 填空题

1. 按外接充电能力，混合动力汽车可以分为_____混合动力汽车和_____混合动力汽车。
2. 驱动力只来源于电机的混合动力电动汽车通常称作_____混合动力汽车。
3. 由驱动电机、动力电子装置和将电能转换到机械能的相关操纵装置组成的系统称作_____。
4. 汽车滑行、减速或下坡时，将车辆行驶过程中的动能及势能转化或部分转化为车载可充电储能系统的能量存储起来的系统称作_____系统。
5. 可实现对整车驱动、制动、能量回收部件是_____。
6. 显示动力蓄电池剩余电量的仪器是_____。
7. 电动汽车在动力蓄电池完全充电状态下，以一定的行驶工况，能连续行驶的最大里程称作电动汽车的_____。
8. 在电动汽车上，驱动电机通常具备_____和_____的功能。

(二) 单项选择题

1. 励磁绕组和电枢绕组串联的直流电机称作( )。
   A. 串励直流电机　　B. 并励直流电机　　C. 复励直流电机
2. 将直流电转换为交流电的变换器是( )。
   A. 整流器　　　　B. 逆变器　　　　C. 斩波器　　　　D. 控制器
3. 在规定的持续时间内，电机允许的最大输出功率是( )。
   A. 额定功率　　　B. 峰值功率　　　C. 标定功率
4. 构成动力蓄电池的最小单元是( )。
   A. 单体蓄电池　　B. 蓄电池模块　　C. 蓄电池组
5. 驱动电机故障中，危及人身安全、影响行车安全、对周围环境造成严重危害的属于( )。
   A. 轻微故障　　　B. 一般故障　　　C. 致命故障　　　D. 严重故障

(三) 判断题

1. 平均电压是指蓄电池接上负载后处于放电状态下的端电压。　　( )
2. 放电深度是表示蓄电池放电状态的参数，等于实际放电容量与可用容量的百分比。
   　　( )

3. 效率是指输出与输入能量之比。（　　）

4. 造成车辆不能正常行驶，但可以从发生故障地点移动到路边，等待救援的故障属于严重故障。（　　）

5. 在一级维护中，需要对高压配电箱、驱动电机及电机控制器进行必要的检查。（　　）

6. 击穿是指绝缘体丧失绝缘，出现放电现象，造成部件的损坏。（　　）

(四) 简答题

1. 损坏型故障模式主要包括哪些内容？

2. 在电动汽车维护作业标准中，规定一级维护时，对高压配电箱的作业内容有哪些？

项目二
电动汽车一级维护基本作业项目及技术要求

本项目主要介绍车辆进厂时的维修接待检查和一级维护的作业项目及技术要求，项目下有两个学习任务，一个任务主要介绍车辆进厂时的维修接待及服务流程，该任务中包括了维修接待的工作流程、维修接待的工具材料和维修接待的工作要求、维修接待的重要性和进厂检验记录单的填写。另一个任务主要简述了驱动电机系统、动力蓄电池系统、电气电控系统、车身、传动及悬架系统、转向系统、制动系统、空调系统等的一级维护和常规的润滑检查。

通过对本项目的学习后，学员将能够描述维修接待的工作流程，维修接待的工具材料和维修接待的工作要求、维修接待的重要性和进厂检验记录单的填写，驱动电机系统、动力蓄电池系统、电气电控系统、车身、传动及悬架系统、转向系统、制动系统、空调系统，常规的润滑等一级维护的作业项目。并能够在实车上对驱动电机系统、动力蓄电池系统、电气电控系统、车身、传动及悬架系统、转向系统、制动系统、空调系统等进行规范的一级维护作业。

任务 2　维修接待及服务流程

学习目标

❖ **知识目标**

完成本任务学习后，你应能：
1. 描述电动汽车维修涉及人员的工作职责和工作流程；
2. 叙述维修接待的工作流程；
3. 准备维修接待的工具材料和叙述维修接待的工作要求；
4. 描述环车检查的重要性和工作要求；
5. 规范的填写车辆进厂检验记录单。

❖ **能力目标**

完成本任务学习后，你应能：
1. 对进厂车辆进行全面的环车检查；
2. 规范的填写接车记录单。

任务描述

客户张先生经电话预约需要对其车辆——北京汽车 EV200 做 10000km 定期维护，预计 1h 内到达本 4S 店，作为服务顾问，当张先生的车辆到达 4S 店时，你将如何完成客户张先生的接待和环车检查工作任务。

理论知识准备

一、电动汽车维修的工作流程

汽车售后服务中心经营流程是指从客户委托维修车辆，到维修完毕，车辆交付客户的整个工作步骤的逻辑顺序。新能源汽车维修的工作流程，大体分为六步，如图 2-1 所示。

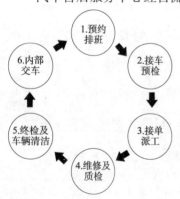

图 2-1　维修接待的工作流程

1. 预约排班

车间主管、备件主管配合服务顾问完成。

2. 接车预检

配合服务顾问完成客户"迎宾、预检"环节，协助服务顾问确认客户车辆的疑难故障，对属于索赔范畴的维修项目进行鉴定。

3. 接单派工

车间主管接车及派工规范，充分利用维修产能，把将要进行的维修工作,安排给合适的维修技师,提高劳动效率。

4. 维修及质检

车间主管规范车间人员的维修作业,明确维修及质检的关键环节及执行要点,提高客户车辆的一次修复率。

5. 终检及车辆清洁

规范服务站终检及返工处理的工作流程要点,确保客户车辆的维修质量,降低因维修质量导致的客户抱怨及投诉,树立服务站经营口碑。

6. 内部交车

规范质检员和服务顾问之间的交接步骤,明确交接的执行要点,保障车间与前台维修信息的有效传递,确保维修单据及相关旧件交付的完整性。

二、汽车维修企业岗位设置和工作职责

当汽车进厂维修时,涉及维修企业很多人员,从汽车进厂时服务顾问的接待,到最后服务顾问将客户送离维修企业,需要以下工作人员共同参与完成,其相应的工作职责见表2-1。

员工岗位及工作职责　　　　　表2-1

序　号	员 工 岗 位	工 作 职 责
1	服务顾问	服务顾问与客户沟通,接受任务
2	车间主管	车间主管管理车辆维修人员,分配工作任务
3	车辆维修人员	维修人员进行维修工作
4	财务	完成结算工作

三、接受客户委托

维修接待是汽车维修企业中服务顾问的工作职责,它属于汽车4S店的具体工作领域,委托步骤如图2-2所示,也是维修企业的典型工作任务。当客户进入维修接待大厅时,服务顾问是与客户接触的第一人物,也是赢得客户满意度和忠诚度的关键人物。

服务顾问工作的宗旨是通过规范的维修服务工作流程来赢得客户的信任,提升客户的满意度,保持客户的忠诚度。

服务顾问应做到以下几点:

(1)与客户搭建良好沟通,做好客户维护工作,提升客户的满意度。

(2)有责任保证客户的需求得到理解和认同,并以令客户满意的方式来关注客户的需求,保持客户对本店的忠诚度。

(3)宣传本企业,推销新技术、新产品,解答客户提出的相关问题,开发新客户市场。

作为服务顾问,首先需要完成客户的接待工作,了解客户的需求。

```
客户车辆到站
   ▼
主动欢迎客户到店(带上四件套和接车单等工具包)并用标准手势示意客户停车、
查看车牌号,区别是否是预约车辆
   ▼
服务顾问给客户做自我介绍并询问客户尊称、询问客户进站需求
   ▼
在接车单上详细记录客户描述的信息,用提问的方式重复并确认客户的需求,请
客户提供使用说明书和行驶证,必要时请客户提供发票或发票复印件。当面为客户
车辆套上三件套,并向客户说明好处
   ▼
邀请客户一同环车检查确认故障,检查车辆外观、油漆、备胎和工具等。提醒客
户保管好贵重物品,并与客户确认(当无法判断故障时,必须请质检员或者技术总监
协助)
   ▼
引导客户到接待台前就坐,按预检单所列项目,预计维修费用和维修所需时间,
确认委托书,并将客户信息等内容按要求录入系统,打印委托书
   ▼
按委托书内容,逐项告之客户维修项目内容、功能好处,以及其他需要告知客户
的事项
   ▼
服务顾问告知客户维修价格组成,逐项解释。并告之客户预计交车时间
   ▼
询问客户对旧件的处理方式,记录在接车检查单上。确认客户的联系方式及维修
期间的联络方式
   ▼
请客户在任务委托书(或工单)上签字确认
   ▼
告如客户保管好委托书或工单,作为取车凭证
   ▼
引导客户到休息区休息等待
   ▼
车辆交给技术总能(或质检员)车辆进入维修状态
```

图2-2 接受客户委托的步骤

四、维修接待工具与材料

1. 维修接待使用的工具材料

(1)维修接待用文件夹,其中有名片、笔和接车单等。

(2)接待台、接待椅、计算机、打印机、四件套、计算器、资料盒、电话、车辆维修任务进度管理板和维修接待办公软件等。

(3)车辆检测仪器,例如解码仪和万用表等。

2. 客户使用的工具材料

汽车4S店休息厅相关配套必备设施茶几、沙发、饮水机和电视等。

五、维修接待的工作要求

1. 维修接待技术要求

（1）熟悉汽车维修行业有关价格、保险和索赔等方面的法律、法规和政策。

（2）熟悉汽车维修专业知识，包括汽车理论、汽车材料和零配件、汽车维修工艺流程、汽车常见故障和常用检测设备，并具有一定的维修技能和汽车驾驶技能。

（3）适应企业现代化管理要求，熟练运用办公软件和售后服务软件。

（4）熟练掌握维修接待操作流程、工作要求和要点。

（5）普通话流利，具备良好的沟通能力、表达能力和应变能力，有高度的责任感和良好的职业道德。

（6）接受过维修业务接待培训。

此外，具有良好的英文听、说、读、写能力，也是汽车服务顾问非常重要的一项岗位技能，这项技能在当今快速发展的社会日益重要。

2. 维修接待质量要求

（1）熟悉维修接待工作流程，遵循各环节的工作要求和规章制度，提升企业形象和客户对本店的满意度。

（2）认真倾听客户对车辆故障现象的陈述，并采用5W1H技巧进行询问，确认故障现象，以便维修工作顺利进行。

（3）设身处地为客户着想，为客户提供优质的环境，在保证维修质量的前提下尽最大力量节省客户的时间和金钱，与客户建立良好伙伴关系，增强客户对本企业的信任。

（4）交车时严格检查车辆状况，如车辆未达到客户需求时要进行返工，为客户提供完整服务。

3. 维修接待环保要求

（1）工作区域现场不放置非必需品，保证现场井然有序，要求在30s内找到要找的东西。

（2）将岗位保持无垃圾、无灰尘、干净整洁的状态，注重可循环使用物品的回收和再利用。

（3）能够根据环保的要求，正确处理对环境和人体有害的辅料、废气、废液和已坏的零部件。

六、环车检查

环车检查又称车辆预检，它是由汽车4S店服务顾问在车辆维修前对车辆进行的全方位检查，以确认车辆以前的损伤情况。

1. 环车检查的目的和重要性

（1）拉近客户与维修企业的距离，体现维修企业的热忱和细心。

（2）发现客户未发现的维修项目，可向客户建议必要的维修，增加售后服务的收益。

（3）提醒客户存放/带走遗留在车内的贵重物品。

2. 环车检查在维修接待流程中所处的位置

环车检查工作处于客户接待与接车制单两环节之间。当客户车辆停好后，由服务顾问进行打开客户车门、自我介绍、递出名片,以及询问客户来意等一系列的客户接待工作后,服务顾问需要对客户的车辆按照4S店企业标准规范完成环车检查工作,并填写接车登记表。当完成车辆检查后,服务顾问引导客户到维修前台,并与客户协商进行接车制单等工作。

3.服务顾问的要求

(1)检查仪容、仪表,穿着统一工服,仪表端庄、整洁,仪容洁净,佩戴好胸卡。

(2)准备好必要的表单、工具和材料。

(3)工作环境维护及清洁。

(4)接待客户的礼仪举止规范,能运用正确的身体语言,使客户能够感受到热情、友好的氛围,尽快进入舒适区。

4.接车检查单(登记表)的填写

接车检查单(登记表)的填写,如图2-3所示。

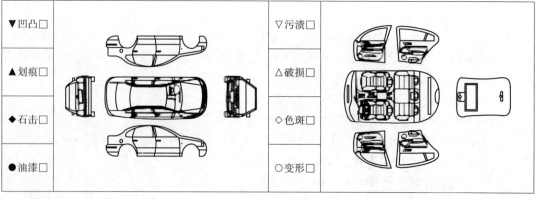

图 2-3

	进一步检查□	预检□
检查结果		
维修方案		

日期：　　　　服务顾问签字：　　　　客户签字：　　　　　　打印销售高/维修名称

图 2-3　接车检查单样表

任务实施

一、准备工作

(1) 防护装备：室内五件套、劳保用品。

(2) 车辆、台架、总成：新能源汽车(E6或秦)一辆、车钥匙。

(3) 工具、设备：手电筒、解码仪。

(4) 辅助耗材：毛巾、写字板、钢笔、接车检验单、名片。

二、维修接待可能用到的工量具

维修接待可能用到的工量具见表2-2。

维修接待可能用到的工量具　　　　　　　　　　　表2-2

手电筒		解码仪	

三、操作步骤

(1) 登记客户、车辆的基本信息，包括车主姓名、车辆牌号及记录车主反映的作业项目。

(2) 安装室内五件套(脚垫、座椅套、转向盘套、驻车制动器操纵杆套、选挡杆套)，如图2-4所示。打开启动开关，检查车辆的总里程和蓄电池存电量，如图2-5所示，并在接车检查单上做好记录。

(3) 检查仪表指示灯的点亮情况，各指示灯性能是否良好。

图 2-4　安装室内五件套

图 2-5　车辆行驶里程及蓄电池存电情况

(4) 进行实车检查,确定客户反映的现象是否属实,确认故障。

(5) 检查车辆左侧外观(包括钣金件、装饰件、玻璃、密封条、车顶、轮胎、后视镜等)有无破损、变形、划伤等,如图 2-6 所示,并在接车检查单上如实做好记录。

图 2-6　车辆侧面检查

(6) 检查车辆后侧外观(包括钣金件、装饰件、玻璃、后组合大灯、密封条等)有无破损、变形、划伤等,并在接车检查单上如实做好记录。

(7) 检查车辆右侧外观(包括钣金件、装饰件、玻璃、密封条、车顶、轮胎、后视镜等)有无破损、变形、划伤等,并在接车检查单上如实做好记录。

(8) 检查车辆前侧外观(包括钣金件、装饰件、玻璃、前组合大灯、密封条等)有无破损、变形、划伤等,并在接车检查单上如实做好记录。

(9) 打开行李舱,检查行李舱内饰件是否有异物破损、变形、污垢等,检查随车工具和备胎是否齐全,如图 2-7 所示,并在接车检查单上如实做好记录。

图 2-7　备胎及随车工具检查

(10) 检查四个车门内饰件及车内其他内饰件是否有异物破损、变形、污垢等,并在接车检查单上如实做好记录。

(11) 嘱咐客户带好贵重物品,并要求客户签字确认。

四、技能考核标准

技能考核标准见表2-3。

技能考核标准   表2-3

序号	项　目	操 作 内 容	配分	评 分 标 准	得分
1	登记客户、车辆的基本信息	登记客户、车辆的基本信息	3分	(1)登记客户信息1分; (2)车牌信息1分; (3)VIN码1分	
2	安装室内五件套	安装室内五件套	5分	脚垫、座椅套、转向盘套、驻车制动器操纵杆套、选挡杆套各1分	
3	检查车辆的总里程和蓄电池存电量	检查车辆的总里程和蓄电池存电量	4分	(1)检查车辆的总里程1分; (2)检查蓄电池存电量1分; (3)记录车辆的总里程1分; (4)记录电池存电量1分	
4	检查仪表指示灯的点亮情况	检查仪表指示灯的点亮情况	2分	(1)检查仪表指示灯的点亮情况1分; (2)记录1分	
5	确认故障	确认故障	6分	(1)检查2分; (2)确认2分; (3)记录2分	
6	检查车辆左侧外观	检查车辆左侧外观	14分	(1)检查钣金件、装饰件、玻璃、密封条、车顶、轮胎、后视镜各1分; (2)记录各1分	
7	检查车辆后侧外观	检查车辆后侧外观	10分	(1)检查钣金件、装饰件、玻璃、后组合大灯、密封条各1分; (2)记录各1分	
8	检查车辆右侧外观	检查车辆右侧外观	14分	(1)检查钣金件、装饰件、玻璃、密封条、车顶、轮胎、后视镜各1分; (2)记录各1分	
9	检查车辆前侧外观	检查车辆前侧外观	10分	(1)检查钣金件、装饰件、玻璃、后组合大灯、密封条各1分; (2)记录各1分	
10	检查随车工具和备胎是否齐全	检查随车工具和备胎是否齐全	6分	(1)内饰检查1分; (2)备胎检查1分; (3)千斤顶检查1分; (4)轮胎扳手检查1分; (5)三角警示牌检查1分; (6)存在欠缺的记录1分	

续上表

序号	项 目	操作内容	配分	评分标准	得分
11	检查车门内饰件	检查车门内饰件	8分	(1)每一道车门检查各1分； (2)记录各1分	
12	车内饰件检查	车内饰件检查	4分	(1)车内饰件检查2分； (2)记录2分	
13	签字确认	签字确认	8分	(1)嘱咐客户带好贵重物品4分； (2)客户签字4分	
14	车辆、场地、工具5S	5S管理	6分	(1)车辆5S 2分； (2)场地5S 2分； (3)工具5S 2分	
	总分		100分		

思考与练习

(一)填空题

1.将车辆合理安排给适当的维修技师,提高劳动效率的是_____。

2.当车辆进厂维修时,最先接触客户的是_____。

3.服务顾问在进行维修接待时,通常要用到_____、笔和_____等。

4.服务顾问的维修专业知识,通常要包括_____、_____和_____、汽车维修工艺流程、汽车常见故障和常用检测设备。

5.由汽车4S店服务顾问在车辆维修前对车辆进行的全方位检查通常称作_____。

(二)单项选择题

1.服务顾问在进行接车业务时要填的是( )。
　A.出门条　　　　　　B.结算单　　　　　　C.接车登记表

2.未经预约的客户到达4S店后所进行的第一件事情是( )。
　A.接车预检　　　　　B.轮胎紧固　　　　　C.接单派工

3.电动汽车进厂预检时,通常要检查( )。
　A.燃油存量　　　　　B.动力蓄电池存电量　C.有无前期维修记录

(三)判断题

1.车辆进厂时,服务顾问只需要对车辆进行外观的检查。( )

2.在进行接车检验时,需要对车辆的随车工具进行检查并记录。( )

3.在进行维修接待工作时,要求接待人员要熟悉汽车维修行业有关价格、保险和索赔等方面的法律、法规和政策。( )

4.室内防护用品通常在接车时就要安装好。( )

(四)简答题

1.简述环车检查的目的和重要性。

2.维修接待工作通常包括那六个流程?

任务3　电动汽车一级维护基本作业项目及技术要求

学习目标

❖ 知识目标

完成本任务学习后,你应能:
1. 描述电动汽车驱动电机系统一级维护的作业项目及技术要求;
2. 讲解电动汽车动力蓄电池系统一级维护的作业项目及技术要求;
3. 描述电动汽车电气电控系统一级维护的作业项目及技术要求;
4. 讲解转向系统、制动系统、空调系统、传动及悬架、车身等一级维护的作业项目及技术要求。

❖ 能力目标

完成本任务学习后,你应能:
1. 完整、规范地对电动汽车驱动电机系统进行一级维护作业;
2. 完整、规范地对电动汽车电池管理系统进行一级维护作业;
3. 完整、规范地对电动汽车电气电控系统进行一级维护作业。

任务描述

电动汽车在使用的过程中,随着使用时间和使用里程的增加,无论是其动力驱动系统、电源管理系统、还是充电系统、转向系统、行驶系统等,其性能都会逐渐地降低,为了保证车辆在行驶一段时间或里程后,还具有较好的工作性能,最为有效的方法就是对车辆各个系统进行必要的维护,通过对车辆的维护、检查,恢复其原有的性能,为驾驶人的行车安全提供必要的保证。

维护通常有日常维护、一级维护和二级维护等几个类型。由于驾驶人在使用车辆时,每天在出车前、收车后,均会对车辆进行必要的检查,当一些常用的消耗品使用完后,驾驶人也会对其进行必要的处理,故日常维护更多的时候是由驾驶人完成。而本项目则主要介绍纯电动汽车的一级维护,通过本项目的学习,学员要明白纯电动汽车的一级维护做些什么,每一个项目具体怎么做,标准是什么样等。

理论知识准备

维护作业在传统汽车中,占了较大的工作份额。然而在纯电动汽车上,维护工作也必不可少,作为纯电动汽车的维修人员,非常有必要搞清楚纯电动汽车的一级维护做些什么,怎么做,需要哪些注意事项,以及做这些项目的标准。

一、驱动电机系统的检查维护

(一)检查维护的安全防护

在进行维护作业时,为了对客户的车辆进行有效的保护,防止维修人员对车辆造成不必要的损伤,同时也为了进一步的提高企业的品牌形象,在对车辆进行维护之前,要安装好室内五件套和机舱三件套(左右侧翼子板防护垫、前格栅垫),如图3-1所示。

图3-1 机舱防护件

同时,由于动力驱动系统均使用高压电驱动,在对电动机进行检查维护时,必须做好个人防护,即戴好绝缘帽,戴好护目镜,穿好绝缘鞋和戴好绝缘手套,如图3-2所示。穿戴好个人防护用品,以保证维修人员的安全。

当车辆驶入维修工位以后,将维修工位的围栏围起来,同时在车顶及显眼位置处摆放维修警示牌,以提醒其他非维修人员或非本工位作业人员,本工位车辆正在进行维护作业,禁止进入到作业区域内,以避免意外伤害,如图3-3所示。

图3-2 个人防护用品及佩戴

图3-3 场地围栏及警示

(二)驱动电机系统的检查维护

1. 驱动电机和控制器冷却液的检查

由于纯电动汽车大部分的驱动电机及电机控制器均采用一套冷却系统,部分车型上还需要对 DC/DC 进行冷却,通过电子水泵控制的方式,在必要时对驱动电机、电机控制器总成及 DC/DC 总成进行冷却。因此,在对纯电动汽车进行一级维护作业时,需要对冷却液的液面高度进行检查,检查时,最好借助于光源,手轻微晃动储液罐,检查其是否正常。在正常的情况下,冷却液液面高度应该介于上限和下限之间(MIN 和 MAX 之间),如图3-4所示。当液面低于下限时,进行必要的添加。如果添加后又快速的下降,则需查明液面下降过快的原因,进行相应的处理以后,再添加到标准的位置。

2. 驱动电机及三相线的绝缘检查

对驱动电机及三项线进行检查时,首先检查三相线的外观是否有破损,线路固定是否牢固,有无运动干涉,线路布局是否正常,走向是否合理。

其次,利用绝缘电阻表(又称兆欧表)或万用表检查驱动电机的绝缘性能,检查时,分别检查每一相和壳体之间的绝缘阻值,三相之间的绝缘阻值,正常情况下,每一相与壳体之间,相与相之间,绝缘电阻表检查的绝缘阻值应该大于 $10M\Omega$,如图 3-5 所示,否则需要进一步的检查修理。

图 3-4 冷却液液面检查　　　　　　图 3-5 电机绝缘阻值检查

3. 齿轮油的检查

检查变速器时,首先检查变速器是否存在渗油、漏油的现象,若有,则需要更换垫圈或密封垫。如果无渗油、漏油的现象,则需按照规定的力矩紧固加油、放油螺栓。

4. 驱动电机的加、减速性能检查

当做完维护后,车辆移交检验员检验之前,维修人员需要对电机的加、减速性能进行测试,以判断维护后电机加速是否反应敏捷,电机的加速是否和加速踏板吻合等,同时,通过对车辆进行制动或减速性能试验,并观察仪表的充电指示灯的点亮情况,以判断电机的发电功能是否正常。

二、动力电池系统的检查维护

(一)显示功能检查

打开起动开关,通过观察仪表上的动力蓄电池状态指示灯、电量指示器工作良好,充分显示车辆的充放电状态,如图 3-6 所示,数据指示准确。

 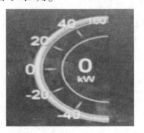

图 3-6 仪表电池信息显示

(二)动力蓄电池外部检查

检查动力蓄电池外部、高压线及充电口外部。是否有擦伤、变形,固定是否可靠,外部清洁,无破损,无凹陷,无漏水、漏液现象,如图 3-7 所示。

图 3-7　动力电池外观检查

(三) 插接件状态检查

检查动力蓄电池、电机控制器、DC/DC 总成、充电系各接头的等高压线束的紧固情况，插接件完好无破损，安装正确、紧固符合要求，如图 3-8 中箭头所示。

图 3-8　高压线束的连接检查

(四) 动力蓄电池数据采集分析

使用诊断仪读取动力蓄电池的数据流，分析动力蓄电池系统数据是否异常，BMS 中没有故障信息，动力蓄电池的温度、电压、电流、均衡性等数据是否符合要求，如图 3-9 所示。

图 3-9　动力蓄电池数据流

三、电气电控系统的检查维护

(一) 机舱线束及插接件的检查

机舱及各部位插接件状态检查，检查检视机舱及各部位插接件连接状态，并视情处理。

机舱及各部位插接件连接良好、牢固,插接器完整无破损,安装正确、连接可靠、紧固等,符合插接的要求。

机舱及各部位低压线束防护及固定检查,检查检视机舱及各部位低压线束防护和固定情况,并视情处理。低压线束防护完整,走向正常、无破损、无脱落、固定牢靠。

(二)底盘低压线束防护及固定检查

检查检视底盘低压线束防护及固定情况,低压线束防护完整,无破损、无划伤、走向正常,连接可靠、固定牢靠。

底盘上制动油管无破损、无弯曲、走向正常,无脱落、固定可靠。制动软管无老化现象、无裂纹、无泄漏、固定可靠。

机舱及底盘各高、低压电器固定检查,机舱及底盘各高、低压电器安装固定可靠,螺栓紧固符合要求。检查检视机舱及底盘各高、低压电器固定情况,并视情处理。

(三)内、外部灯光及信号灯检查

检查前照灯、转向灯、制动灯、雾灯、室内灯和组合仪表,各灯光、信号装置开关控制有效,仪表显示正常。

注意:E6轿车雾灯和倒车灯位于同一位置,左边的为后雾灯,灯光颜色为红色,右侧的为倒车灯,灯光颜色为白色。整车前后部灯光分布情况如图3-10所示。

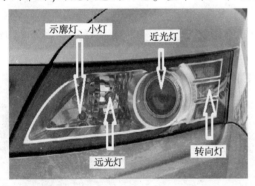 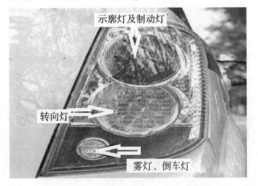

图3-10 前后部灯光分布

检查室内灯及仪表中指示灯时,需要开启示廓灯开关后,逐一检查室内各个指示灯和控制灯,部分控制灯需要附加其他操作后才能检查其功能是否正常。

(四)低压蓄电池的检查

检查低压蓄电池,液面高度符合规定,通气孔是否通畅,电桩有无锈蚀,夹头是否夹紧,夹头是否清洁,电极桩头和电池线连接是否牢固、可靠,免维护蓄电池电量状况指示正常,如图3-11所示。

部分纯电动汽车上使用的是低压铁电池,故检查时只需要检查蓄电池的通气孔是否通畅、电桩有无锈蚀、夹头是否夹紧、夹头是否清洁、电极桩头和电池线连接是否牢固、可靠。

四、车身及附件检查维护

(一)风窗玻璃及刮水器检查

检查全车玻璃及密封胶条,检查刮水器及喷水罐,喷水范围正常,喷水角度合适、均匀。

刮水器刮水效果良好、回位正常、无异响,刮水片上无异物,如图3-12所示。玻璃及密封胶条、刮水器橡胶条完好无龟裂,刮水器工作正常,玻璃清洗剂充满。

图3-11 低压蓄电池蓄电指示

图3-12 刮水器刮水效果

(二)车顶窗(天窗)检查

车顶窗开关正常,倾斜角度正常,滑道清洁无卡滞,密封胶条无龟裂,流水孔及流水槽清洁无堵塞。必要时需要对车顶窗滑道进行清洁和润滑,如图3-13中黑色箭头所示,否则会影响天窗的关闭效果。

(三)座椅、安全带检查

检查座椅及滑道,座椅调节正常,调节无异响、在滑道上运行要平稳、顺畅,如图3-14所示。座椅侧边安全气囊处要无遮挡物。

图3-13 需清洁的天窗滑道

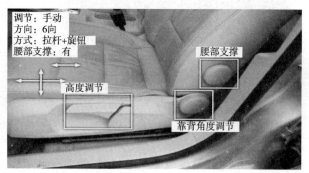

图3-14 座椅调节控制

检查安全带及锁止情况,安全带本身无破损、撕裂,安全带收放自如、无卡滞现象,高度调节顺畅、平稳,无异常现象。

(四)门锁铰链检查

门锁及铰链检查,车门开合顺畅,密封胶条完好不漏水,铰链不松旷、运行自如、无异响。限位器限位可靠无松脱,门锁锁止正常,门控灯功能正常,打开童锁后,从车内应不能开启车门,车内、车外把手开启功能正常。

发动机罩锁止可靠、无松动、无异响。铰链连接正常,无松旷、卡滞现象。李行舱盖锁止可靠、无松动、异响,铰链连接正常,无松旷、卡滞现象。按下行李舱灯控制按钮,行李舱灯应该熄灭,行李舱中备胎和随车工具放置合理、无缺失,如图3-15所示。

五、传动及悬架系统的检查维护

(一) 减振器检查

检查检视前后四车轮减振器,缓冲块无破损、无脱落,防尘罩固定可靠、无破损现象,减振器上的缓冲块无破损、脱落现象,前后减振器不漏油,如图3-16所示,减振效果良好。

(二) 传动轴检查

检查左右传动轴及球笼间隙是否符合要求,防尘罩要完好无破损,如图3-17中所示。

图3-15 随车工具

(三) 轮辋轮胎检查

检视轮胎外观,检查胎压,按规定力矩紧固车轮螺栓,轮胎外观无起鼓、龟裂、花纹符合要求,螺栓拧紧力矩符合规定,轮胎气压符合标定要求(气压加注标准在驾驶人一侧B柱附近)。

图3-16 减振器检查

图3-17 传动轴检查

六、转向系的检查维护

(一) 转向系统的检查

1. 转向机本体紧固状态检查

在对转向机本体进行检查时,检查前轴应无任何裂纹及变形,如果发现裂纹或变形过大应进行更换处理。转向机本体应该固定可靠,螺栓拧紧力矩符合要求。

2. 球头、横拉杆间隙及防尘套检查

拉杆应无损伤,检查球头销座无剥落、裂纹现象,螺纹损伤不大于3牙,球头销锥颈小端应低于锥孔上端1~3mm。否则,应予更换。检查球头销,在座孔内转动灵活,稍有阻力但不卡滞,不得有松旷现象。

3. 连接部件检查

检查横直拉杆、球头销和转向节等部位连接螺栓、螺母,各部件要连接可靠,螺栓拧紧力矩符合要求。

（二）转向系统的维护

自由间隙的调整检查

转向盘处于中间位置的时候，自由间隙过大或者过小，都需要将转向器的侧盖锁紧螺母拧松，然后旋转到合适的位置进行调整，让啮合间隙能够达到调整所需要的值之后再锁紧。

七、制动系的检查维护

（一）制动液的检查

制动液的更换周期一般为3年或4万km，在一级维护时，只需要检查液位是否处于正常状态即可。

检查时，需借助光源检查液面，储液壶上有"MIN"和"MAX"的刻度标识，当制动液介于两者之间时，说明正常。当低于"MIN（最小）"刻度时，表明需要添加，如图3-18所示。

（二）制动管路、制动阀及接头的检查

制动管路包括金属管和橡胶管，用接头连接在一起，检查管路时，金属管和橡胶管均要检查，要注意制动管路固定是否可靠，接头是否紧固，无漏油现象。

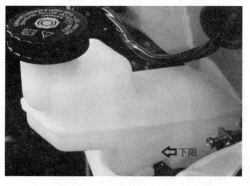

图3-18　制动液储液壶刻度标识

（三）驻车制动器的检查

向后拉起驻车制动操纵杆时，应有两"响"的自由行程，从第三"响"时应开始产生制动，第五"响"时汽车应能在规定的坡道上停住，否则需调整。

八、空调系统的检查维护

1. 清洁冷凝器

空调冷凝器是车辆空调制冷系统的重要组成部件，随着车辆的长时间使用，像尘土、泥沙、柳絮等就会夹杂在两者之间的缝隙中，从而会影响空调制冷的性能，要查看并且清洁。

2. 清洁更换空调滤芯

在进行一级维护时，空调系统的滤芯需要进行清洁作业，利用压缩空气，从进气的反方向进行清洁，如果脏堵比较厉害，则需要更换。

九、全车润滑

在一级维护作业中要检查润滑各润滑点，保证润滑嘴齐全有效，润滑良好。各润滑点防尘罩齐全完好。集中润滑装置工作正常，密封良好。

十、整车密封

汽车密封性良好具有减振、防水、防尘、隔音、装饰等功用，提高驾乘体验的舒适感和保护车体。因此，在一级维护作业中要检查全车的密封情况，保证全车不漏油、不漏液、不漏气、不漏电。

任务实施

一、准备工作

(1)防护装备:防护三件套、室内五件套、遮拦、维修警示牌。
(2)车辆、台架、总成:举升机、新能源汽车(E6或秦)一辆。
(3)工具、设备:空气压缩机一台、常用工具一套、常用工具车一辆、手电筒、绝缘电阻表或万用表、进厂接车预检单、扭力扳手、胎压表、轮胎花纹深度尺、塞尺。
(4)辅助耗材:毛巾、劳保用品、防冻液、制动液、玻璃清洗液、齿轮油、铰链润滑脂。

二、一级维护需要的工量具

一级维护需要使用的工量具见表3-1。

一级维护需要使用的工量具　　　　　　表3-1

手电筒		塞尺	
绝缘电阻表（万用表）	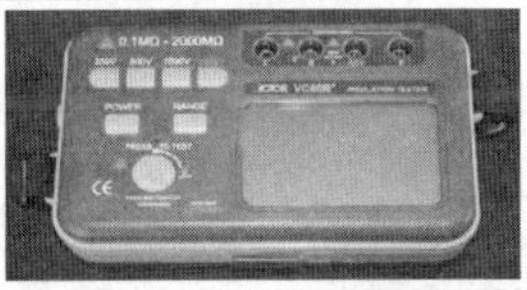	13.5mm系列套筒套件	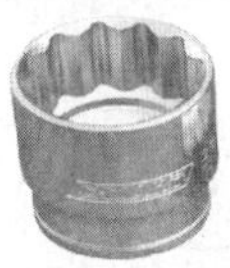
扭力扳手	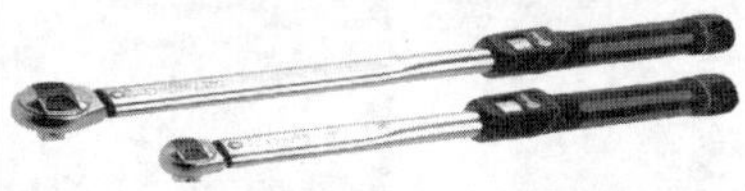	一字螺丝刀	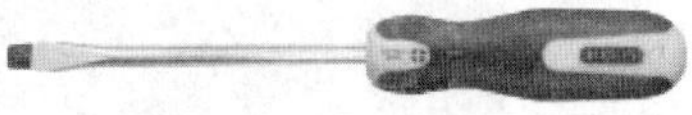
胎压表		13.5mm系列快速扳手	
花纹深度尺			

三、操作步骤

(1)将车辆停放到新能源汽车专用工位,关闭起动按钮,拉开维护遮拦,做好场地防护、维修工位防护及场地的安全提示,如图3-19所示。
(2)记录车辆的VIN码,环车检查(由驾驶室下车,逆时针方向环视检查),通过目测的方式,检查车身漆面是否有损伤,车身外观钣金件、后视镜、玻璃、密封条、装饰条、轮胎外观检查,如图3-20所示,并记录在检验单上。

图3-19　场地防护及安全提示

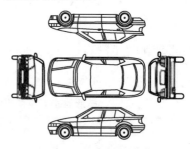

图3-20　VIN码位置和车身外观部件

(3)安装室内五件套。

(4)室内检查。

①目检仪表指示灯,室内背景灯,打开示廓灯时,室内背景灯要都点亮。仪表中的指示灯在车辆正常行驶时,仪表不应有黄色或红色指示灯点亮,如图3-21所示。

图3-21　仪表指示灯及背景灯

图3-22　座椅调节按钮

②打开起动开关,手动检查座椅调节功能是否正常,各方向调节时是否顺畅,调节按钮如图3-22所示。

③拉动安全带带体,检查有无撕裂,安全带运行要顺畅、无卡滞;插入锁止口后,安全带锁止功能正常,仪表上指示灯要熄灭,如图3-23所示。

④拉动内外部车门把手,检查左侧门锁、门锁开关锁止功能是否正常。打开起动开关后,按压玻璃升降器开关,检查各车门玻璃升降是否顺畅,有

无异响,如图 3-24 所示。

图 3-23　安全带检查

图 3-24　门锁及玻璃升降检查

⑤转动调节旋钮,将旋钮上白点对准 R 或 L 后,上下或左右扳动旋钮,检查电动后视镜调节功能是否正常,如图 3-25 所示。

图 3-25　车外电动后视镜调节检查

⑥打开起动开关,按压转向盘中央的喇叭开关,检查喇叭功能是否正常。打开转向盘调节锁止手柄,检查转向盘的调节是否顺畅,有无卡滞现象,如图 3-26 所示。

⑦打开起动开关,掰动刮水器开关,检查刮水器各挡位的运行情况,刮水效果是否良好,抬起刮水器拨杆,检查是否能正常喷水,刮水器回位功能是否正常,如图 3-27 所示。

图 3-26 转向盘调节功能检查

图 3-27 刮水器功能的检查

⑧开启空调各按键,对其功能进行检查,对出风口的出风情况进行检查、空调冷热风性能检查,各功能键名称如图 3-28 所示。

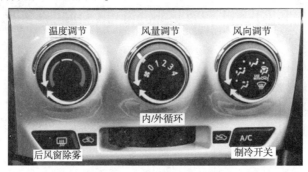

图 3-28 空调旋钮名称及检查

⑨目检时钟、驻车制动器(松开)、副安全气囊、遮阳板、天窗、顶灯门控灯的控制和点亮情况,用解码仪读取高压系统数据流。

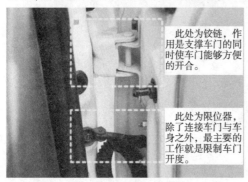

图 3-29 铰链和限位器

(5)四车门、机舱盖、行李舱盖内检查。

①检查四车门内外拉手功能、门锁功能、电动车窗按键功能、门控灯功能、童锁功能、车门铰链功能、限位器功能(图 3-29),安全带功能。

②检查行李舱铰链功能、行李舱照明灯功能、行李舱内备胎、随车工具、行李舱门锁功能。

③检查机舱盖锁止功能、机舱盖铰链连接。

(6)前部灯光检查。检查日行灯、示廓灯、近光灯、远光灯、前雾灯、转向灯、危险警示灯、(驻车灯),如图 3-10 所示。

(7)后部灯光检查。检查(驻车灯)示廓灯、后雾灯(部分车型的同一位置,左侧为后雾灯,右侧为倒车灯)、左右转向灯、危险警示灯、制动灯、倒车灯(图 3-10)、牌照灯、倒车雷达。

(8)安装机舱三件套。

(9)机舱检查。借助光源进行三液检查(防冻液、玻璃清洗液、制动液)及添加,如图 3-30 所示。进行管路及密封检查、低压线束检查、插接器检查、空调管路、空调线束检查。

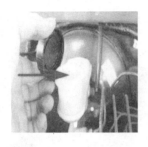  

图 3-30　三液检查及加注

（10）空调滤芯清洁。副驾驶人前部，仪表板下面（部分车型在前风窗玻璃下，机舱中），拆卸空调滤芯，如图 3-31 所示，并用压缩空气清洁空调滤芯，清洁时，要注意压缩空气作用的方向和滤芯进气方向相反。

图 3-31　空调滤芯的拆卸

（11）举升车辆。安装举升机托盘（图 3-32），托盘接触车身后进行一次检查，车轮离地后进行二次检查，高度合适后，安全锁止举升机。

（12）左前车轮位置。目测减振器有无漏油（图 3-33）、转向拉杆防尘罩有无破损、制动软管固定情况、走向、有无老化、制动轮缸有无漏油（图 3-33）、轮速传感器线束固定、走向检查，轮胎胎压检查，轮胎磨损检查，轮辋外观检查，转动车轮，检查轮胎运转情况。

（13）右前轮位置。减振器漏油、转向拉杆防尘罩破损检查、制动软管固定、走向、老化检查，轮速传感器线束固定、走向检查，轮胎胎压检查，轮胎磨损检查，轮辋外观检查，检查轮胎运转情况。

图 3-32　车辆支撑部位

（14）右后轮位置。减振器漏油、制动软管固定、走向、老化检查，轮速传感器线束固定、走向检查，轮胎胎压检查，轮胎磨损检查，轮辋外观检查，检查轮胎运转情况。

（15）左后轮位置。减振器漏油、制动软管固定、走向、老化检查，轮速传感器线束固定、走向检查，轮胎胎压检查，轮胎磨损检查，轮辋外观检查，检查轮胎运转情况。

（16）底板。底板保护层检查，底板制动管路走向、固定检查，如图 3-34 所示。

（17）底盘螺栓紧固。副车架螺栓紧固、前轮控制臂螺栓紧固、后悬架螺栓紧固，如图 3-35 所示。

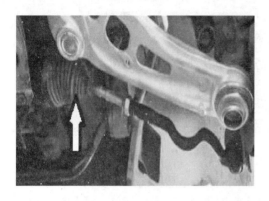
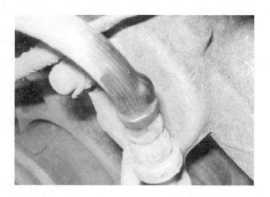

图 3-33 防尘罩和制动软管检查

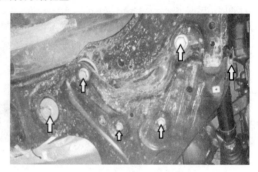

图 3-34 底部保护层和管路检查　　　　图 3-35 副车架和控制臂的螺栓紧固

（18）落下车辆、车轮螺栓紧固。将车辆落到地面，用定扭力扳手紧固轮胎螺栓，并按压车体，检查车辆4只减振器的减振性能是否良好。

（19）个人防护。检查防护用品性能，穿戴好安全帽、护目镜、绝缘手套、绝缘鞋，铺设绝缘垫。

（20）拆维修开关。关闭起动开关，拆卸蓄电池负极，拆卸维修开关附件，拆除维修开关，如图 3-36 所示。需要注意，维修开关拆下后，要有专人保管，以免造成不必要的伤害。

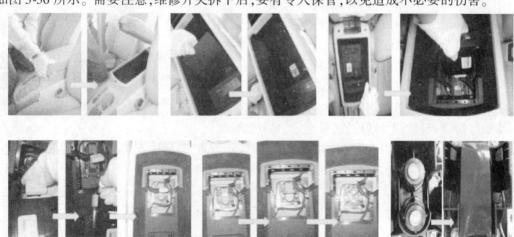

图 3-36 维修开关拆卸流程

（21）二次举升车辆。检查支撑，高度合适后举升机可靠落锁。

(22)动力蓄电池底部检查。检查动力蓄电池底部保护罩是否有划伤,电池固定是否牢固。

(23)底部高压线束检查。底部高压线束走向检查,固定检查,线束保护检查。

(24)落下车辆。将车辆落到地面,安装车轮挡块。

(25)机舱内驱动电机检查。驱动电机清洁检查,电机高压线固定、插接检查,绝缘性能检查。

(26)检查驱动电机三相线与电机壳体之间的绝缘性能,测量的电阻值应大于10MΩ。

①拆下电机三相线,如图3-37所示。

②用绝缘电阻表测量电机三相线三个端子与电机壳体之间的绝缘值,阻值应大于10MΩ,如图3-38所示。

图3-37 拆电机三相线

图3-38 测量三相线的绝缘阻值

(27)检查电机三相线束安装牢固,线束无破损无老化。

(28)检查机舱内各高压部件插接件连接良好、牢固,插接件完整无破损,安装正确,如图3-39所示。

图3-39 机舱中高压线束检查

(29)检查机舱中其他高压电器线束固定可靠,螺栓无松动、锈蚀,如图3-40所示。

(30)检查、润滑各润滑点,整车密封检查:

①润滑嘴齐全有效,润滑良好;各润滑点防尘罩齐全完好;集中润滑装置工作正常,密

封良好。

②全车不漏油、不漏液、不漏气、不漏电。

图 3-40 高压部件的线束检查

四、技能考核标准

技能考核标准见表 3-2。

技能考核标准   表 3-2

序号	项目	操作内容	配分	评分标准	得分
1	停放车辆,防护	车辆停到专用工位上,并对场地进行防护	4 分	(1)停到工位上 2 分; (2)拉起围栏 1 分; (3)放置警示牌 1 分	
2	车辆外观检查	记录 VIN 码、车身外观钣金件、后视镜、玻璃、密封条、装饰条、轮胎外观检查	18 分	(1)记录 VIN 码 2 分; (2)钣金件 6 分; (3)后视镜 2 分; (4)玻璃 2 分; (5)密封条 2 分; (6)装饰条 2 分; (7)轮胎外观 2 分	
3	安装室内五件套	将五件套安装到位	2 分	安装到位 2 分	
4	室内检查	仪表指示灯、室内背景灯、座椅、安全带、左侧门锁、门锁开关、玻璃升降开关、电动后视镜功能、时钟、喇叭、刮水器、喷水、出风口、空调冷热风、驻车制动器、副安全气囊、遮阳板、天窗、顶灯门控灯,用解码仪读取电池相关数据	18 分 (每项 1 分)	仪表指示灯、室内背景灯、座椅调节、滑动、安全带外观、锁止、左侧门锁有效、门锁开关(左侧)、玻璃升降开关(左侧)、电动后视镜功能、时钟能显示、喇叭按键、出风口调节正常、空调冷热风调节正常、驻车制动器有效、副安全气囊外观无破损、遮阳板收放正常、天窗运行良好、顶灯门控灯功能正常、数据流读取正常	

续上表

序号	项目	操作内容	配分	评分标准	得分
5	4车门、机舱盖、李行舱盖内检查	4车门内外拉手功能、门锁功能、电动车窗按键功能、门控灯功能、童锁功能、车门铰链功能、限位器功能、安全带功能。行李舱铰链功能、行李舱照明灯功能、行李舱内备胎、随车工具、行李舱门锁功能。机舱盖锁止功能、机舱盖铰链	15分	4车门内外拉手功能、门锁功能、电动车窗按键功能、门控灯功能、童锁功能、车门铰链功能、限位器功能、安全带功能。行李舱铰链功能、行李舱照明灯功能、行李舱内备胎、随车工具、行李舱门锁功能。发动机罩锁止功能、发动机罩铰链	
6	前部灯光检查	日行灯、示廓灯、近光灯、远光灯、前雾灯、转向灯、危险警示灯、(驻车灯)	7分	日行灯、示廓灯、近光灯、远光灯(超车灯)、前雾灯、转向灯、危险警示灯、(驻车灯)均是否点亮	
7	后部灯光检查	(驻车灯)示廓灯、后雾灯、左右转向灯、危险警示灯、制动灯、倒车灯、牌照灯、倒车雷达	9分	(驻车灯)示廓灯、后雾灯、左右转向灯危险警示灯、制动灯、倒车灯、牌照灯是否均点亮,倒车雷达功能是否正常	
8	机舱三件套	安装机舱三件套	2分	(1)位置合适1分; (2)保护部位不外露1分	
9	机舱检查	三液检查,管路及密封检查,低压线束检查,插接器检查,空调管路、线束检查	8分	(1)三液液面高度检查2分; (2)管路及密封检查2分; (3)低压线束检查1分; (4)插接器检查1分; (5)空调管路1分; (6)线束检查1分	
10	空调滤芯清洁	拆卸空调滤芯,并用压缩空气清洁空调滤芯	3分	(1)拆卸1分; (2)清洁1分; (3)复位1分	
11	举升车辆	安装托盘,托盘接触车身后一次检查,车轮离地后二次检查,高度合适后举升机安全锁止	4分	(1)安装托盘到位1分; (2)一次检查1分; (3)二次检查1分; (4)举升机安全锁止1分	

续上表

序号	项 目	操作内容	配分	评分标准	得分
12	左前车轮位置	减振器漏油、破损检查,转向拉杆防尘罩破损检查,制动软管固定、走向、老化检查,轮速传感器线束固定、走向检查,轮胎胎压检查,轮胎磨损检查,轮辋外观检查,轮胎运转情况检查	16分	(1)减振器漏油、破损检查2分; (2)转向拉杆防尘罩破损检查2分; (3)制动软管固定、走向、老化检查2分; (4)轮速传感器线束固定、走向检查2分; (5)轮胎胎压检查2分; (6)轮胎磨损检查2分; (7)轮辋外观检查2分; (8)轮胎运转情况检查2分	
13	右前轮位置	减振器漏油、破损检查,转向拉杆防尘罩破损检查,制动软管固定、走向、老化检查,轮速传感器线束固定、走向检查,轮胎胎压检查,轮胎磨损检查,轮辋外观检查,轮胎运转情况	16分	(1)减振器漏油、破损检查2分; (2)转向拉杆防尘罩破损检查2分; (3)制动软管固定、走向、老化检查2分; (4)轮速传感器线束固定、走向检查2分; (5)轮胎胎压检查2分; (6)轮胎磨损检查2分; (7)轮辋外观检查2分; (8)轮胎运转情况2分	
14	右后轮	减振器漏油、破损检查,制动软管固定、走向、老化检查,轮速传感器线束固定、走向检查,轮胎胎压检查,轮胎磨损检查,轮辋外观检查,轮胎运转情况检查	14分	(1)减振器漏油、破损检查2分; (2)制动软管固定、走向、老化检查2分; (3)轮速传感器线束固定、走向检查2分; (4)轮胎胎压检查2分; (5)轮胎磨损检查2分; (6)轮辋外观检查2分; (7)轮胎运转情况检查2分	
15	左后轮	减振器漏油、破损检查,制动软管固定、走向、老化检查,轮速传感器线束固定、走向检查,轮胎胎压检查,轮胎磨损检查,轮辋外观检查,轮胎运转情况检查	14分	(1)减振器漏油、破损检查2分; (2)制动软管固定、走向、老化检查2分; (3)轮速传感器线束固定、走向检查2分; (4)轮胎胎压检查2分; (5)轮胎磨损检查2分; (6)轮辋外观检查2分; (7)轮胎运转情况检查2分	

续上表

序号	项目	操作内容	配分	评分标准	得分
16	底板	底板保护层检查,底板制动管路走向、固定检查	4分	(1)底板保护层划伤、破损检查2分; (2)底板制动管路走向、固定检查2分	
17	底盘螺栓紧固	副车架螺栓紧固、前轮控制臂螺栓紧固、后悬架螺栓紧固检查	3分	(1)副车架螺栓紧固1分; (2)控制臂螺栓紧固1分; (3)后悬架螺栓紧固1分	
18	落下车辆、车轮螺栓紧固	将车辆落到地面,用扭力扳手紧固轮胎螺栓	4分	左前、左后、右后、右前车轮螺栓各1分	
19	个人防护	检查防护用品性能,穿戴好安全帽、护目镜、绝缘手套、绝缘鞋	5分	(1)性能检查1分; (2)穿戴好安全帽1分; (3)护目镜1分; (4)绝缘手套1分; (5)绝缘鞋1分	
20	拆维修开关	关闭起动开关,拆卸蓄电池负极,拆卸维修开关附件、拆除维修开关	4分	(1)关闭起动开关1分; (2)拆卸蓄电池负极1分; (3)拆卸维修开关附件1分; (4)拆除维修开关1分	
21	二次举升车辆	检查支撑,高度合适后举升机可靠落锁	3分	(1)检查支撑1分; (2)高度合适1分; (3)举升机可靠落锁1分	
22	动力电池底部检查	检查动力电池底部保护罩是否有划伤,电池固定是否牢固	2分	(1)检查是否有划伤1分; (2)固定是否牢固1分	
23	底部高压线束检查	底部高压线束走向检查、固定检查,线束保护检查	2分	(1)底部高压线束走向检查、固定检查1分; (2)线束保护检查1分	
24	落下车辆	将车辆落到地面,安装挡块	2分	(1)将车辆落到地面1分; (2)安装挡块1分	
25	机舱内电机检查	电机清洁检查,电机高压线固定、插接检查,绝缘性能检查	6分	(1)电机清洁检查2分; (2)电机高压线固定、插接检查2分; (3)绝缘性能检查2分	
26	机舱内电机控制器线束检查	电机控制器清洁检查,电机控制器高压线固定、插接检查,绝缘性能检查	6分	(1)电机控制器清洁检查2分; (2)电机控制器高压线固定、插接检查2分; (3)绝缘性能检查2分	

续上表

序号	项　　目	操作内容	配分	评分标准	得分
27	DC/DC 线路检查	DC/DC 清洁检查,DC/DC 高压线固定、插接检查,绝缘性能检查	6分	(1) DC/DC 清洁检查 2 分; (2) DC/DC 高压线固定、插接检查 2 分; (3) 绝缘性能检查 2 分	
28	脱下个人防护用品	5S 管理	2分	防护用品 5S 2 分	
29	车辆、场地、工具 5S	5S 管理	3分	(1) 车辆 5S 1 分; (2) 场地 5S 1 分; (3) 工具 5S 1 分	
	总分		300 分		

思考与练习

(一) 填空题

1. 室内五件套是指_____、_____、_____、_____和换挡杆套。
2. 个人防护用品通常包括_____、_____、_____和绝缘鞋。
3. 电动汽车的冷却系统通常用于对_____、_____和 DC/DC 转换器进行冷却。
4. 电动汽车一级维护中,需要检查的三液是指_____、_____和玻璃清洗液。
5. 检查驱动电机及导线绝缘性能时,通常要使用_____。
6. 电动汽车空调系统一级维护中,需要对_____进行清洁。

(二) 单项选择题

1. 以下不属于个人防护用品的是(　　)。
   A. 绝缘手套　　　　B. 护目镜　　　　C. 维修警示牌　　　　D. 绝缘鞋
2. 以下项目在一级维护中不需要做的是(　　)。
   A. 机舱三液检查　　B. 轮胎紧固　　　C. 灯光亮度检查

(三) 判断题

1. 在对外观检查时,需要对检查结果进行记录。　　　　　　　　　　　　(　　)
2. 室内检查时,需要对座椅调节功能及滑道进行检查。　　　　　　　　　(　　)
3. 检查行李舱时,只需要检查随车工具和备胎是否齐全。　　　　　　　　(　　)
4. 在对电动汽车的一级维护中,车轮只需要检查磨损和胎压。　　　　　　(　　)
5. 在检查后部灯光时,还需要检查牌照灯。　　　　　　　　　　　　　　(　　)
6. 一级维护中,需要对悬架系统减振性能进行检查。　　　　　　　　　　(　　)

(四) 简答题

1. 一级维护中,前部灯光检查通常需要检查哪些灯?
2. 外观检查通常要检查哪些部件?
3. 检查车轮时,需要使用哪些工量具?

项目三
电动汽车二级维护基本作业项目及技术要求

本项目主要介绍电动汽车二级维护的基本要求、作业项目和技术要求。项目下有两个学习任务,即纯电动汽车的二级维护基本要求、作业项目和技术要求,转向系统的二级维护基本要求、作业项目和技术要求。

通过对本项目的学习后,学员将能够描述二级维护中,动力驱动系统、汽车行驶系统、制动系统、转向系统和车身等几个系统二级维护的基本要求、作业项目和技术要求。并能够独立地在实车上对动力驱动系统、行驶系统、制动系统、转向系和车身等几个系统进行规范的二级维护作业。

任务4　纯电动汽车二级维护作业一

学习目标

❖ **知识目标**

完成本任务学习后，你应能：
1. 描述纯电动汽车在二级维护作业进厂时，需要进行哪些检测；
2. 讲解纯电动汽车二级维护作业时，动力驱动系统中电机的检查维护作业项目；
3. 讲述动力蓄电池和低压电气电控系统的检查维护项目；
4. 讲解二级维护作业中，转向系统、制动系统、行驶系统和车身等系统检查的项目。

❖ **能力目标**

完成本任务学习后，你应能：
在实车上对纯电动汽车进行二级维护作业。

任务描述

和传统内燃机汽车一样，纯电动汽车使用一段时间或里程以后，也需要对其进行必要的维护，如何完整、规范地完成对纯电动汽车的二级维护，学习本项目以后，均会给予解决。

理论知识准备

一、纯电动汽车的进厂检验

纯电动汽车和传统燃油汽车一样，在进行二级维护作业时，也要进行进厂检验测试，确定车辆进厂时的基本性能，以便进一步地确定二级维护中是否进行附加作业。

（一）行车制动性能

在车辆进厂时，需要维修技师对车辆的制动性能进行必要的检查，一方面是检查纯电动汽车本身的制动性能，同时通过对制动性能的检查，判断驱动电机在车辆制动时的能量回馈性能，以确定驱动电机在车辆进行制动时，其是否具备良好的发电性能。

采用台架检验（或车辆位于举升机上）或路试检验，对车辆进行加速后制动，制动时，驱动电机的发电性能应符合 GB 7258 相关规定。即在车辆进行高速滑行或行车制动时，制动能量回收工作正常，仪表上能正常显示驱动电机的能量回馈符号（是否显示 0 ~ 40 之间，表盘里面的指示灯是否点亮及点亮的格数），如图4-1所示。

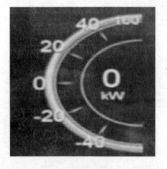

图4-1　电机功率指示灯

(二)绝缘性

高压部件的漏电检测,利用绝缘电阻表,对高压部件即驱动电机、驱动电机控制器、高压配电盒、DC/DC 转换器、动力蓄电池和高压线束等进行绝缘测试,要求其绝缘阻值大于 $10M\Omega$,否则视为部件漏电,要进行更换处理。

(三)基本的故障诊断

车辆进厂进行二级维护时,为了排除车辆的隐形故障,包括低压系统和高压系统,均要使用故障诊断仪读取是否有故障码,如果有故障码,需要清除后再读取。删除故障码后车载诊断(OBD)各系统不应有故障信息。

二、驱动电机系统的检查维护

(一)驱动电机总成

1. 驱动电机的清洁检查

清洁驱动电机外部,应该无油污、无杂物、无破损。检查隔热装置,隔热装置应完好,无破损,固定可靠。驱动电机线束插头上无油污、无灰尘,线束固定牢固、可靠,和其他部件无擦碰。

2. 紧固、连接检查

检查、校紧驱动电机连接螺栓、螺母是否松动,驱动电机支撑、变速器(减速器)等部位连接可靠、无松动现象。

(二)驱动电机工作性能检查

1. 驱动电机起动性能检查

检查驱动电机的加、减速性能,加速性能良好,上、下电功能有效、及时。

2. 驱动电机运转情况检查

对驱动电机进行加速,电机在低速、中速、瀛速运转时,运行顺畅、平稳,加、减速时电机无异响。

(三)冷却装置检查

1. 散热器及管路密封性检查

检查散热器及进出水管管路固定可靠,无变形、堵塞、破损及渗漏。散热器盖接合表面良好,胶垫不老化。散热器表面无杂物、散热器片无破损,通风正常,如图4-2中箭头所指部位为损坏的散热器。

2. 冷却液循环工作性能检查

冷却液循环系统工作正常,不漏水、无异响。

图 4-2 损坏的散热器

三、动力蓄电池检查维护

1. 标识检查

检查动力蓄电池、充电系统、高压控制盒等标识参数,标识参数要清晰、完好无破损,若有破损的情况,应视情处理。

2. 外部检查

检查动力蓄电池、高压线及充电口外部,应该无破损、固定可靠,清洁无异物,无凹陷,无漏水、漏液现象,否则要及时处理。

四、电气电控系统检查维护

(一)故障警报系统检查

打开起动开关上 ON 挡电,检查仪表上各指示灯点亮情况。上电完毕后应该只有 OK 灯或 READY 灯点亮,其他指示灯均要熄灭。

利用诊断仪进行自诊断,应无永久性故障码。读取高压绝缘监测系统的数据流,数据流应该在标准范围之内,否则要检修高压部件绝缘性能。

(二)前部照明灯检查

检查前部照明灯,灯具要齐全完好,新旧程度一致,发光强度一致,远光灯发光强度合适,无非法改装前照灯、近光灯、远光灯光束照射位置合适,无明显的偏高或偏低的现象。

灯光线束插接器插接正常,插接器固定可靠,线路走向合理,和其他部件无擦碰,线束无裸露现象。车身及其他可视的照明线束及导线线路走向合理,和其他部件无擦碰,线束无裸露现象。

五、制动系统检查维护

(一)制动踏板的检查维护

1. 制动踏板自由行程

为保证制动时不发生制动拖滞、非制动时能够彻底解除制动,制动踏板均设置自由行程。而所谓制动踏板自由行程是指制动踏板踩下去时,制动系统不起作用的那一段距离。制动踏板自由行程过大,会减弱制动效果而给行车带来危险,如自由行程过小,会使汽车制动拖滞,造成功率损耗。因此在做二级维护时,必须对制动踏板自由行程做检查,保证在其规定的范围之内。

2. 制动踏板自由行程的检查方法

(1)在制动踏板处于释放位置时,用钢直尺测量制动踏板端面至驾驶室底板的高度 H_1。

(2)用手压下制动踏板至略感有阻力的位置,用钢直尺测量制动踏板端面至驾驶室底板的高度 H_2。

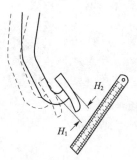

图 4-3 自由行程检查

(3)两次测量高度差 $H_1 - H_2$,即为该车制动踏板自由行程,如图 4-3 所示。液压制动的踏板自由行程一般在 15~20mm,在调整时应按车型规定的数值进行调整。若制动踏板自由行程不符合规定要求,则应进行调整。

(二)驻车制动的检查

驻车制动器的检查主要检查连接机构有无变形、松旷;拉起驻车手柄 3~5 响后,车辆应该能够可靠驻车,如图 4-4 所示,同时仪表上的驻车制动指示灯应该点亮。驻车制动器应满足以下性能:在空载状态下,驻车制动装置应能保证车辆在坡度为 20%(总质量为整备质量的 1.2 倍以下的车辆为 15%),轮胎与路面间的附着系数≥0.7 的坡道上正、反两个方向保持固定不动的时间应≥5min；拉紧驻车制动器，空车平地用二挡应不能起步；驻车制动器操纵杆的工作行程不能超过全行程的3/4；放松驻车制动器操纵杆，变速器处于空挡，支起一侧驱动轮，制动鼓应能用手转动且无摩擦声。

(三)防抱死制动装置线束的检查

在对其检查时主要检查连接线路，同时要清洁轮速传感器，做到各连接线及插接件无松动，轮速传感器清洁。

图4-4 驻车制动器检查

(四)盘式制动器的检查

1. 制动片检查

1)制动片厚度检查

利用制动片厚度测量规(图4-5)测量制动片的厚度，即制动片钢背与制动盘之间的厚度，其厚度应该在使用极限的范围之内，否则需更换制动片。

2)制动片破损检查

检查制动片摩擦材料一侧，应该无破损、无脱落、无异物，摩擦材料和底部钢背之间固定牢固，容屑槽需清理干净，如图4-6所示。

图4-5 制动片测量规　　　　图4-6 制动片磨损检查

2. 制动盘检查

1)制动盘磨损检查

检查制动片工作面，工作面应该无油污、无破损、无裂纹、无烧蚀现象，如图4-7所示。制动片两侧应平整，不应该有凹槽，且磨损均匀。必要时需要使用外径千分尺检查制动片的厚度，以判断是否达到使用极限。

图4-7 制动盘工作面检查

2)跳动量检查

如果检查其外观符合规定，制动片厚度也在使用范围之内，则需使用磁力表座和百分表

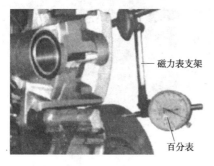

图 4-8 制动盘端面检查

检查制动片的平面度,如图 4-8 所示。一般检查制动盘的平面度的范围为小于 0.05mm,超过标准则需要更换或打磨制动盘。

(五)间隙、密封检查

检查制动摩擦片与制动盘之间的转动间隙,盘式制动器制动盘与摩擦片的间隙一般单侧在 0.05~0.15mm,两侧总间隙为 0.1~0.3mm。

最后对密封件和制动钳进行检查,密封件无裂纹或损坏,制动钳安装牢固、无油液泄漏,制动钳导向销无裂纹或损坏,导向销皮碗无破损、老化现象。

六、转向系统检查维护

1. 转向盘自由行程检查

检查、调整转向盘最大自由转动量,最高设计车速不小于 100km/h 的车辆,其转向盘的最大自由转动量不大于 15°,其他车辆不大于 25°,如图 4-9 所示。

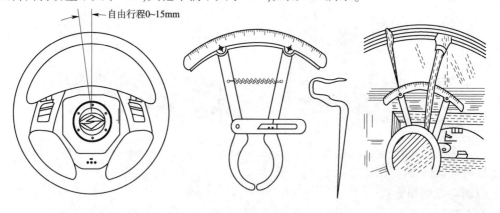

图 4-9 转向盘自由行程检查

2. 转向器和转向传动机构

1) 转向器和转向传动机构检查

转向盘的转向轻便、灵活,转向时无卡滞现象,锁止、限位功能正常。转向结束后回位正常,调节功能正常。

2) 部件技术状况检查

转向节臂、转向器摇臂及横直拉杆无变形、裂纹和拼焊现象,球销无裂纹、不松旷,转向器无裂损、无漏油现象。转向拉杆防尘罩固定牢固,无破损、漏油的现象。

七、行驶系统的检查维护

(一)车轮及轮胎检查维护

(1)检查轮胎规格型号。轮胎规格型号符合规定,同轴轮胎的规格和花纹应相同,如图 4-10 所示。

图4-10 轮胎型号、花纹检查

(2)检查轮胎气压是否在标准值,轮辋是否变形,如图4-11、图4-12所示。

图4-11 轮胎气压检查　　图4-12 轮辋检查

(3)检查轮胎外观。轮胎的胎冠、胎壁不得有长度超过25mm,轮胎花纹深度足以暴露出帘布层的破裂和割伤以及凸起、异物刺入等影响使用的缺陷。具有磨损标志的轮胎,胎冠的磨损不得触及磨损标志;无磨损标志或标志不清的轮胎,胎冠花纹深度应不小于1.6mm,其他车辆的转向轮的胎冠花纹深度应不小于3.2mm,其余轮胎胎冠花纹深度应不小于1.6mm,如图4-13所示。

 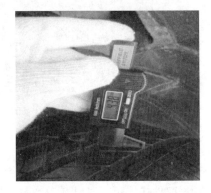

图4-13 轮胎花纹深度检查

(4)轮胎换位。根据轮胎磨损情况,选择合理的轮胎换位方法,如图4-14所示。
①循环换位法。把轮胎按顺时针或逆时针轮流互换。
优点:方法简单,长期使用这方法换位,可以保持四轮磨损一致。

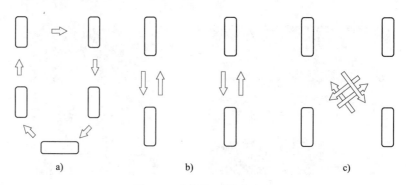

图 4-14　轮胎的三种换位方法

缺点：前轮总有一侧的轮胎是变换了旋转方向，操控性和稳定性会有所降低，换位后会有段轮胎的适应期，需要 1~2km 的轮胎磨合。如果是方向性轮胎不适合此种方法。

② 平行换位法。

优点：无轮胎旋转方向的变化，能保证轮胎的抓地性和操控稳定性。

缺点：无法改变左右轮胎磨损的不一致。

③ 交叉换位法。

优点：方法简单，长期使用这方法换位，可以保持四轮磨损一致。

缺点：四只轮胎都变换了旋转方向，操控性和稳定性会大大降低，换位后会有段轮胎的适应期，一般需要 1~2km 的轮胎磨合。

（5）检查、调整车轮前束。车轮前束值符合规定，不符合规定需调整，如图 4-15 所示。

图 4-15　前束的调整

(二) 悬架系统的检查维护

1. 检查悬架弹性元件

校紧悬架连接螺栓、螺母，空气弹簧无泄漏、外观无损伤。钢板弹簧无断片、缺片、移位和变形，各部件连接可靠，U 形螺栓螺母拧紧力矩符合规定。螺旋弹簧无断裂、无锈蚀、无错位现象。

2. 减振器

检查减振器稳固有效，无漏油现象，橡胶垫无松动、变形及分层，如图 4-16 所示，防尘罩固定良好。

3. 变速器(减速箱)检查维护

(1)检查变速器(减速器)连接、密封渗漏及拧紧力矩:变速器(减速器)与驱动电机连接可靠,密封完好无渗漏,螺栓紧固符合要求。

(2)检查变速器润滑油液面高度,视情更换:按规定的里程或时间更换润滑油,液面高度符合规定。

(3)动态检查。检查变速器加、减速性能,起步、加速或减速顺畅。

(三)车桥检查维护

检查车桥、车桥与悬架之间的拉杆和导杆,拉杆和导杆无松旷、移位和变形,车桥无变形、表面无裂痕、油脂无泄漏,平衡杆固定橡胶垫块厚度均匀,无老化、撕裂、破损现象。橡胶垫块固定座固定可靠、无松动,如图4-17中箭头所示。

图4-16 减振器检查

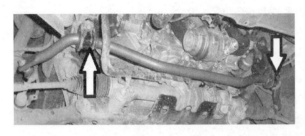

图4-17 平衡杆胶套检查

(四)半轴(传动轴)检查维护

1. 防尘罩检查

检查左右两侧传动轴内、外侧防尘罩,防尘罩应该无漏油、无损坏、无破裂现象,如图4-18所示,防尘罩卡箍固定可靠,和其他部件无擦碰现象。

图4-18 传动轴防尘罩的检查

2. 传动轴及万向节检查

检查传动轴无弯曲、无卡滞现象,运转平顺、无异响。内、外球笼间隙合适,伸缩型万向节伸缩自如、无卡滞,传动轴及万向节无裂损、不松旷。传动轴和单挡变速器之间,与驱动车轮之间,不应有松旷现象。

八、车架车身检查维护

(一)车架和车身检查维护

1. 车架和车身检查

车架和车身无变形、断裂及开焊现象,连接可靠,车身完整。发动机罩锁扣锁紧有效。车厢铰链完好,锁扣锁紧可靠,固定集装箱箱体、货物的锁止机构工作正常。

2. 车门、车窗启闭和锁止检查

车门和车窗应启闭正常,锁止可靠。客车动力启闭车门的车内应急开关及安全顶窗机件齐全、完好有效。

(二)支撑装置检查维护

检查支撑部位,校紧连接螺栓、螺母,支撑部位应该完好有效,润滑良好,安装牢固,无变形。

(三)牵引车与挂车连接装置检查维护

检查牵引销及其连接装置,牵引销安装牢固,无损伤、裂纹等缺陷,牵引销颈部磨损量符合规定。

检查、润滑牵引座及牵引销锁止、释放机构,校紧连接螺栓、螺母。牵引座表面油脂均匀,安装牢固,牵引销锁止、释放机构工作可靠。

检查牵引钩,如图4-19所示,牵引钩无裂纹及损伤,锁止、释放机构工作可靠,与车身连接部位螺纹无损伤,能顺利地安装、拆卸。

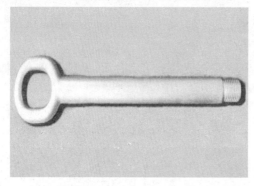
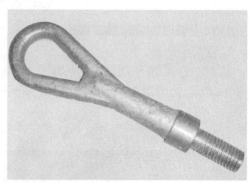

图4-19 牵引钩的检查

任务实施

一、准备工作

(1)防护装备:防护三件套、室内五件套、遮拦、维修警示牌。

(2)车辆、台架、总成:举升机、新能源汽车(E6或秦)一辆。

(3)工具、设备:空气压缩机一台,常用工具一套、常用工具车一辆、手电筒、绝缘电阻表或万用表、进厂接车预检单、扭力扳手、胎压表、轮胎花纹深度尺、塞尺、百分表、磁力表座、0～25cm外径千分尺、转向盘自由行程角度仪、制动片厚度测量规、毛刷、钢直尺、游标卡尺。

(4)辅助耗材：毛巾、劳保用品、肥皂水、记号笔、砂纸、防冻液、制动液、玻璃清洗液、齿轮油、铰链润滑脂、天窗润滑脂。

二、二级维护需要的工量具

二级维护需要使用的工量具见表4-1。

二级维护需要使用的工量具　　　　　　　　　　表4-1

名称	图示	名称	图示
手电筒		游标卡尺	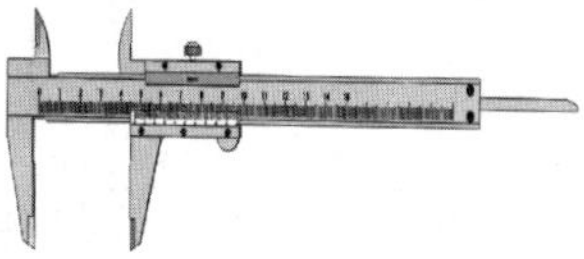
绝缘电阻表（万用表）	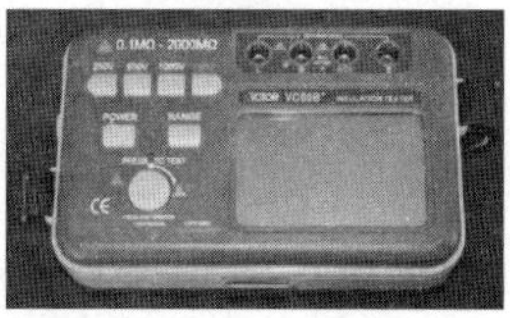	扭力扳手	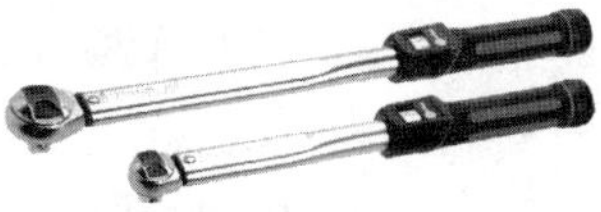
毛刷		胎压表	
花纹深度尺		塞尺	
一字螺丝刀		钢直尺	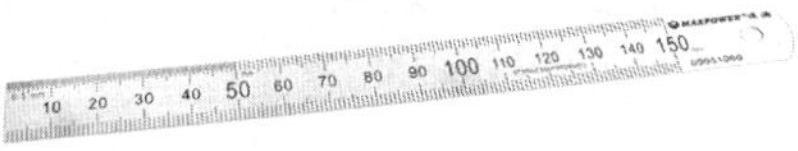
转向盘角度尺	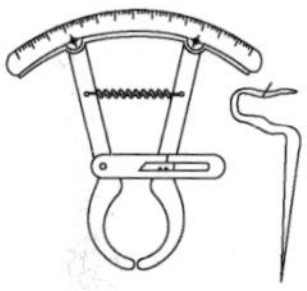	百分表	
磁力表座	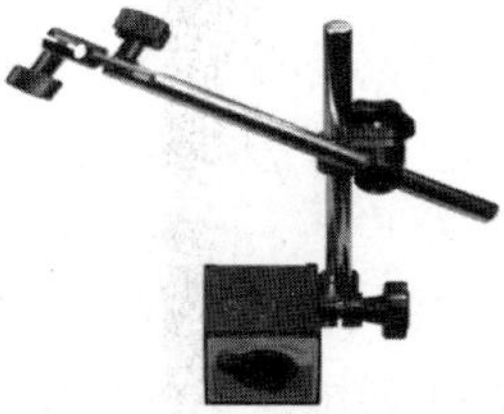	0～25cm外径千分尺	

续上表

制动片厚度测量规		弹簧拉具	
轴承拉具			

三、操作步骤

(1) 将车辆停放到新能源汽车专用工位,关闭起动按钮,做好场地防护、维修工位防护及场地的安全提示。

(2) 记录 VIN 码,环车检查,并记录在检查表上。

(3) 安装室内五件套。

(4) 室内检查:转向盘调节功能、转向盘回位功能、转向盘自由行程(使用转向盘角度仪进行检查)、检查驻车制动器(松开)、制动踏板自由行程(用钢直尺检查)、用解码仪读取高压系统数据流并分析。

(5) 四车门、发动机罩、行李舱盖内检查。

① 检查四车门内拉手和外拉手功能、门锁锁止功能、电动车窗按键升降功能、手动升降功能,中控门锁控制按钮检查,检查门控灯功能、童锁功能、车门铰链功能、限位器功能,视情况需要对四门铰链和限位器进行润滑,进行安全带带体检查、收紧功能检查、高度调节功能检查、锁止情况检查、仪表上指示灯显示情况检查。

② 检查行李舱铰链功能、行李舱照明灯功能、行李舱内备胎固定、备胎气压、牵引钩、警示牌、千斤顶、行李舱锁锁止功能。取出备胎,放置于车辆后侧。

③ 检查发动机罩锁止功能、发动机罩铰链连接、发动机罩支撑杆支撑功能。

(6) 前部灯光检查。一级维护以外,组合大灯外观是否破损、新旧程度一致、前照灯固定牢固、光照强度合适、远光照射高度合适。

(7) 后部灯光检查。后部组合大灯外观检查、安装固定检查、点亮情况检查、灯光亮度检查,检查示廓灯、后雾灯(部分车型的后组合大灯中的同一位置,左侧为后雾灯,右侧为倒车灯)、左右转向灯、危险警示灯、制动灯、高位制动灯、倒车灯、牌照灯、倒车雷达。

(8) 安装机舱三件套。

(9) 机舱低压线束、管路检查。借助光源进行三液检查(防冻液、玻璃清洗液、制动液)及添加,进行电机冷却水管管路及密封检查、散热器散热面检查、ABSECU 线束检查、灯光线束检查、真空泵线束检查、真空罐线路检查、电机控制器低压插头检查、DC/DC 转换器低压线束检查、插接器连接检查、空调管路走向固定检查、空调线束走向连接检查、风扇线路检查。

(10) 空调滤芯清洁。副驾驶人前部、仪表板下面(部分车型在前风窗玻璃下,机舱中),拆卸空调滤芯,并用压缩空气清洁空调滤芯,清洁时,要注意压缩空气作用的方向和滤芯进气方向相反,视情况给予更换。

(11)拉紧驻车制动器操纵杆,用轮胎扳手或扭力扳手预松4个轮胎螺栓。

(12)举升车辆。安装举升机托盘,托盘接触车身后进行一次检查,车轮离地后进行二次检查,检查支撑情况,安全锁止举升机。

(13)拆卸4个车轮,按顺序将轮胎放置于轮胎架上,并松开驻车制动器操纵杆。

(14)再次举升车辆到合适的高度,并可靠锁止举升机。

(15)左前轮位置处检查。检查减振器是否漏油、减振器防尘罩有无破损、减振器缓冲块有无脱节现象、螺旋弹簧有无锈蚀、弹簧端部固定是否良好、弹簧有无裂纹、轮速传感器线束固定走向是否良好、制动轮缸有无漏油、导向销皮碗有无破损、导向销是否缺油、制动盘运转是否正常,检查制动盘运转间隙,检查制动盘磨损情况(如果有必要,使用外径千分尺检查制动盘的厚度,用百分表和磁力表座检查制动盘端面的跳动),检查制动片厚度及磨损情况,车轮内衬附板有无破损,转向拉杆球头间隙检查,转向拉杆防尘罩检查,半轴间隙检查,半轴防尘罩检查,万向节间隙检查,万向节伸缩功能检查,平衡杆胶套是否磨损、固定是否良好。

(16)检查单挡变速器底部有无漏油现象,松开放油螺栓,如图4-20中箭头所示,排空变速器油,更换放油螺栓垫片后,按规定力矩紧固放油螺栓,松开加油螺栓,如图4-21中箭头所示,加注变速器油,加注标准如图4-22所示,液面高度符合规定后,按力矩要求紧固加油螺栓。

图4-20 放油螺栓

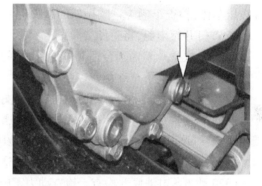

图4-21 加油螺栓

(17)右前轮位置处检查。检查减振器是否漏油、减振器防尘罩有无破损、减振器缓冲块有无脱节现象、螺旋弹簧有无锈蚀、弹簧端部固定是否良好、弹簧有无裂纹、轮速传感器线束固定走向是否良好、制动轮缸有无漏油、导向销皮碗有无破损、导向销是否缺油、制动盘运转是否正常,检查制动盘运转间隙,检查制动盘磨损情况(如果有必要,使用外径千分尺检查制动盘的厚度,用百分表和磁力表座检查制动盘端面的跳动),检查制动片厚度及磨损情况、车轮内衬附板有无破损,转向拉杆球头间隙检查,转向拉杆防尘罩检查,半轴间隙检查,半轴防尘罩检查,万向节间隙检查,万向节伸缩功能检查,平衡杆胶套是否磨损、固定是否良好。

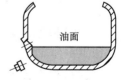

图4-22 油面标准

(18)右后轮位置处检查。检查减振器是否漏油、减振器防尘罩有无破损、减振器缓冲块有无脱节现象、螺旋弹簧有无锈蚀、弹簧端部固定是否良好、弹簧有无裂纹、轮速传感器线束固定走向是否良好、检查制动轮缸有无漏油、导向销皮碗有无破损、导向销是否缺油、制动盘运转是否正常、制动盘运转间隙、检查制动盘磨损情况(如果有必要,使用外径千分尺检查制动盘的厚度,用百分表和磁力表座检查制动盘端面的跳动)、检查制动片厚度及磨损情况、车轮内衬附板有无破损、电子驻车制动线束固定、走向检查。

(19)左后轮位置处检查。检查减振器是否漏油、减振器防尘罩有无破损、减振器缓冲块有无脱节现象、螺旋弹簧有无锈蚀、弹簧端部固定是否良好、弹簧有无裂纹、轮速传感器线束固定走向是否良好、制动轮缸有无漏油、导向销皮碗有无破损、导向销是否缺油、制动盘运转是否正常、检查制动盘运转间隙、检查制动盘磨损情况(如果有必要,使用外径千分尺检查制动盘的厚度,用百分表和磁力表座检查制动盘端面的跳动)、检查制动片厚度及磨损情况、车轮内衬附板有无破损、电子驻车制动线束固定、走向检查。

(20)底板。底板保护层检查,支撑位置检查,牵引环检查,底板制动管路走向、固定检查。

(21)底盘螺栓紧固。变速器油液螺栓紧固、变速器支撑螺栓紧固、转向器固定螺栓紧固、副车架螺栓紧固、前轮控制臂螺栓紧固、后悬架螺栓紧固。

(22)落下车辆到离地面一定高度(便于安装轮胎)。

(23)依次检查五个轮胎的外观、花纹深度、轮辋、气压是否符合要求,是否存在漏气。

(24)预安装轮胎到车上,(视情况进行必要的换位)并预紧固。

(25)落下车辆到地面、车轮螺栓紧固。将车辆落到地面,用定扭力扳手紧固轮胎螺栓,并按压车体,检查车辆4只减振器的减振性能是否良好。

(26)打开行李舱,将备胎复位。

(27)二次举升车辆到合适高度后锁止举升机,检查转向系统的前束值,是否符合要求。

(28)将车辆落下至地面。

(29)个人防护。检查防护用品性能,穿戴好安全帽、护目镜、绝缘手套、绝缘鞋,铺设绝缘垫。

(30)拆维修开关。关闭起动开关,拆卸蓄电池负极、拆卸维修开关附件、拆除维修开关。需要注意,维修开关拆下后,要有专人保管,以免造成不必要的伤害。

(31)三次举升车辆。检查支撑,高度合适后举升机可靠落锁。

(32)动力蓄电池底部检查。检查动力蓄电池底部保护罩是否有划伤,电池固定是否牢固。

(33)底部高压线束检查。底部高压线束走向检查、固定检查、线束保护检查。

(34)落下车辆。将车辆落到车轮不接触地面,锁止举升机。

(35)机舱内驱动电机检查。驱动电机清洁检查,电机高压线固定、插接检查,绝缘性能检查。

(36)检查驱动电机三相线与电机壳体之间的绝缘性能,测量的电阻值应大于$10M\Omega$(见一级维护作业)。

(37)检查电机三相线束安装牢固、走向正常、线束无破损、无老化现象(见一级维护作业)。

(38)检查机舱内电机控制器、DC/DC转换器、空调压缩机、PTC等高压部件插接件连接良好、牢固,插接件完整无破损,安装正确(见一级维护作业)。

(39)检查机舱中其他高压电器线束固定可靠、螺栓无松动、锈蚀(见一级维护作业)。

(40)安装维修开关及附属部件。装上蓄电池负极线。

(41)检查、试验驱动电机的加、减速性能是否正常,制动时制动能量回收性能是否正常,检查单挡变速器运转时是否有异响。

(42) 将车辆落到地面，安装车轮挡块，检查、润滑各润滑点、整车密封检查。

① 润滑嘴齐全有效，润滑良好，各润滑点防尘罩齐全完好；集中润滑装置工作正常，密封良好。

② 全车不漏油、不漏液、不漏气、不漏电。

(43) 车辆、场地、个人 5S 管理工作。

四、技能考核标准

技能考核标准见表 4-2。

技能考核标准　　　　　　　　　　　　　　　　　　　　表 4-2

序号	项目	操作内容	配分	评分标准	得分
1	停放车辆，防护	车辆停到专用工位上，并对场地进行防护	4分	(1) 停到工位上 2 分； (2) 拉起围栏 1 分； (3) 放置警示牌 1 分	
2	车辆外观检查	车身外观检查	4分	(1) 外观检查 2 分； (2) 填记录表 2 分	
3	安装室内五件套	将五件套安装到位	2分	安装到位 2 分	
4	室内检查	转向盘检查、驻车制动器检查、制动踏板检查、读取电池相关数据	10分	(1) 转向盘调节功能 1 分； (2) 转向盘回位功能 1 分； (3) 转向盘自由行程 2 分； (4) 检查驻车制动器 2 分； (5) 制动踏板自由行程 2 分； (6) 数据流读取 2 分	
5	4 车门、发动机罩、行李舱盖内检查	四车门内、外拉手功能、门锁锁止功能、电动车窗按键升降功能、手动升降功能、中控门锁控制按钮检查、门控灯功能、童锁功能、车门铰链功能、限位器功能、安全带带体检查、收紧功能检查、高度调节功能检查、锁止情况检查、仪表上指示灯显示情况检查；行李舱铰链功能、行李舱照明灯功能、行李舱内备胎固定、备胎气压、牵引钩、警示牌、千斤顶、行李舱门锁锁止功能；发动机罩锁止功能、发动机罩铰链连接、发动机罩支撑杆支撑功能	13分	每检查一项 0.5 分	
6	前部灯光检查	外观是否破损、新旧程度一致、前照灯固定牢固、光照强度合适、远光照射高度合适	5分	每检查一项 1 分	

续上表

序号	项　目	操 作 内 容	配分	评 分 标 准	得分
7	后部灯光检查	外观检查、安装固定检查、点亮情况检查、灯光亮度检查	4分	每检查一项1分	
8	机舱三件套	安装机舱三件套	2分	(1)位置合适1分； (2)保护部位不外露1分	
9	机舱检查	电机冷却水管管路及密封检查、散热器散热面检查、ABSECU线束检查、灯光线束检查、真空泵线束检查、真空罐线路检查、电机控制器低压插头检查、DC/DC转换器低压线束检查、插接器连接检查、空调管路走向固定检查、空调线束走向连接检查、风扇线路检查	6分	每检查一项0.5分	
10	空调滤芯清洁	拆卸空调滤芯，并用压缩空气清洁空调滤芯	3分	(1)拆卸1分； (2)清洁更换1分； (3)复位1分	
11	预松车轮螺栓	拉紧驻车制动器，预松四个车轮螺栓	3分	(1)拉驻车制动器1分； (2)预松每个车轮螺栓0.5分	
12	举升车辆	举升车辆到车轮离开地面，锁止举升机	2分	(1)检查托盘1分； (2)锁止1分	
13	拆车轮	拆下车轮，松开操纵杆	3分	(1)拆下4个车轮2分； (2)松操纵杆1分	
14	举升车辆	举升车辆到合适高度	2分	(1)高度合适1分； (2)锁止1分	
15	左前轮位置处检查	减振器是否漏油、减振器防尘罩有无破损、减振器缓冲块有无脱节现象、螺旋弹簧有无锈蚀、弹簧端部固定是否良好、弹簧有无裂纹、轮速传感器线束固定走向是否良好、制动轮缸有无漏油、导向销皮碗有无破损、导向销是否缺油、制动盘运转是否正常，检查制动盘运转间隙、检查制动盘磨损情况、检查制动片厚度及磨损情况、车轮内衬板有无破损、转向拉杆球头间隙检查、转向拉杆防尘罩检查、半轴间隙检查、半轴防尘罩检查、万向节间隙检查、万向节伸缩功能检查	10分	每检查一项0.5分	
16	变速器检查	泄漏检查、油面检查并紧固、有无异响	3分	每检查一项1分	

续上表

序号	项　　目	操作内容	配分	评分标准	得分
17	右前轮位置处检查	减振器是否漏油、减振器防尘罩有无破损、减振器缓冲块有无脱节现象、螺旋弹簧有无锈蚀、弹簧端部固定是否良好、弹簧有无裂纹、轮速传感器线束固定走向是否良好、制动轮缸有无漏油、导向销皮碗有无破损、导向销是否缺油、制动盘运转是否正常、检查制动盘运转间隙、检查制动盘磨损情况、检查制动片厚度及磨损情况、车轮内衬附板有无破损、转向拉杆球头间隙检查、转向拉杆防尘罩检查、半轴间隙检查、半轴防尘罩检查、万向节间隙检查、万向节伸缩功能检查	10分	每检查一项0.5分	
18	右后轮位置处检查	减振器是否漏油、减振器防尘罩有无破损、减振器缓冲块有无脱节现象、螺旋弹簧有无锈蚀、弹簧端部固定是否良好、弹簧有无裂纹、轮速传感器线束固定走向是否良好、制动轮缸有无漏油、导向销皮碗有无破损、导向销是否缺油、制动盘运转是否正常、检查制动盘运转间隙、检查制动盘磨损情况、检查制动片厚度及磨损情况、车轮内衬附板有无破损、电子驻车制动线束固定、走向检查	8分	每检查一项0.5分	
19	左后轮位置处检查	减振器是否漏油、减振器防尘罩有无破损、减振器缓冲块有无脱节现象、螺旋弹簧有无锈蚀、弹簧端部固定是否良好、弹簧有无裂纹、轮速传感器线束固定走向是否良好、制动轮缸有无漏油、导向销皮碗有无破损、导向销是否缺油、制动盘运转是否正常、检查制动盘运转间隙、检查制动盘磨损情况（如果有必要，使用外径千分尺检查制动盘的厚度，用百分表和磁力表座检查制动盘端面的跳动）、检查制动片厚度及磨损情况、车轮内衬附板有无破损、电子驻轮制动线束固定、走向检查	8分	每检查一项0.5分	

续上表

序号	项目	操作内容	配分	评分标准	得分
20	底板	底板保护层检查、支撑位置检查、牵引环检查、底板制动管路走向、固定	4分	每检查一项1分	
21	底盘螺栓紧固	变速器油液螺栓紧固、变速器支撑螺栓紧固、转向器固定螺栓紧固、副车架螺栓紧固、前轮控制臂螺栓紧固、后悬架螺栓紧固	3分	每检查一项0.5分	
22	落下车辆	轮胎未接触地面,锁止举升机	1分		
23	车轮检查	五个轮胎的外观、花纹深度、轮辋、气压是否符合要求,是否存在漏气	10分	每一个车轮2分	
24	落下车辆、车轮螺栓紧固	预安装轮胎、将车辆落到地面、用扭力扳手紧固轮胎螺栓	8分	(1)预安装各1分; (2)车轮螺栓紧固各1分	
25	减振性能检查	按压车体,检查减振性能	8分	(1)按压部位合适1分; (2)检查1分	
26	备胎	装回备胎	1分	装回备胎1分	
27	前束检查	举升到合适,检查前束	3分	(1)高度合适1分; (2)前束检查1分; (3)判断1分	
28	落下车辆	落到地面,托盘未脱离支撑位置	1分	按要求完成1分	
29	个人防护	安全帽、护目镜、绝缘手套、绝缘鞋,铺设绝缘垫	5分	一项1分	
30	拆卸维修开关	关闭起动开关,拆卸蓄电池负极、拆卸维修开关附件、拆除维修开关	8分	每做一项2分	
31	三次举升车辆	检查支撑,高度合适后举升机可靠落锁	3分	(1)检查支撑1分; (2)高度合适1分; (3)举升机可靠落锁1分	
32	动力电池底部检查	检查动力电池底部保护罩是否有划伤,电池固定是否牢固	4分	(1)检查是否有划伤2分; (2)固定是否牢固2分	
33	底部高压线束检查	底部高压线束走向检查、固定检查、线束保护检查	4分	(1)底部高压线束走向检查、固定检查2分; (2)线束保护检查2分	
34	落下车辆	将车辆落到不接触地面	2分	(1)将车辆落到不接触地面1分; (2)锁止1分	
35	机舱内电机检查	电机清洁检查、电机高压线固定、插接检查、绝缘性能检查	6分	(1)电机清洁检查2分; (2)电机高压线固定、插接检查2分; (3)绝缘性能检查2分	
36	电机检查	电机绝缘检查、三相线绝缘检查	4分	每做一项2分	
37	机舱内电机控制器线束检查	电机控制器清洁检查、电机控制器高压线固定、插接检查、绝缘性能检查	6分	(1)电机控制器清洁检查2分; (2)电机控制器高压线固定、插接检查2分; (3)绝缘性能2分	

续上表

序号	项目	操作内容	配分	评分标准	得分
38	高压线路检查	电机控制器、DC/DC转换器、空调压缩机、PTC	4分	每项1分	
39	装回维修开关和负极	装回维修开关及附件、装回蓄电池负极	4分	每项2分	
40	电机性能	检查电机加、减速性能	2分	检查电机加减速性能2分	
41	变速器性能	加、减速后检查有无异响	2分	检查后无异响2分	
42	落下车辆到地面	落下车辆到地面	2分	落下车辆到地面2分	
43	脱下个人防护用品	5S管理	1分	防护用品5S	
44	车辆、场地、工具5S	5S管理	2分	(1)车辆5S 1分；(2)场地5S 1分	
	总分		200分		

思考与练习

（一）填空题

1. 制动踏板的自由行程范围一般为_____mm。

2. 最高设计车速不小于100km/h的车辆，转向盘的最大自由转动量要求不大于_____度。

3. 二级维护作业时，减振器除了外观检查有无漏油、破损以外，还需要检查_____。

（二）判断题

1. 在二级维护中，需要对单挡变速器中的齿轮油进行更换。　　　　　　（　）

2. 对车辆进行二级维护时，需要对转向拉杆和半轴进行检查。　　　　　（　）

3. 在二级维护中，前部灯光检查除了各灯是否点亮以外，还需要对近、远光灯的照明强度和照射角度进行检查。　　　　　　　　　　　　　　　　　　　　　　　　（　）

4. 检查行车制动器踏板自由行程时，需要使用钢直尺进行检查。　　　　（　）

5. 检查驻车制动器时，对驻车的坡度有一定的要求。　　　　　　　　　（　）

6. 检查动力蓄电池、高压线及充电口外部时，要求应该无破损、固定可靠、清洁无异物，无凹陷，无漏水、漏液现象。　　　　　　　　　　　　　　　　　　　　（　）

7. 纯电动汽车在进行进厂检测时，需要对其制动性能进行检测。　　　　（　）

8. 使用绝缘电阻表检查高压部件的绝缘阻值时，其标准是阻值要大于10MΩ。（　）

（三）简答题

1. 二级维护中，如何对车轮进行检查？

2. 如何对盘式制动器进行检查？

3. 如何检查制动踏板的自由行程？

4. 二级维护中，如何对半轴进行检查？

任务5　纯电动汽车二级维护作业二

学习目标

知识目标

完成本任务学习后,你应能:
1. 描述汽车前束的概念;
2. 讲解转向系统前束检查、调整的方法与要求;
3. 讲述前束尺的使用方法(中级工)。

能力目标

完成本任务学习后,你应能:
1. 使用钢卷尺、前束尺等测量工具检查并调整前束(中级工);
2. 能根据轮胎磨损情况分析车轮定位对轮胎的影响,并分析如何减小前束误差(高级工)。

任务描述

由于转向系统在汽车使用过程中,其性能的好坏直接关系到整车的安全性能,而在汽车二级维护作业中,其中很重要的一个项目,就是对转向系统的前束值进行检查调整,如何正确地检查调整转向系统的前束值,对于新能源汽车维修专业的学员,也要掌握这一知识技能点。

理论知识准备

在转向系统的二级维护作业中,其很重要的一个环节,就是检查调整转向系统的前束。那么,什么是前束,检查调整时需要注意哪些事项,调整时是否有条件,检查调整时如何规范操作,检查调整时需要哪些工具等,学习本任务以后均会给予解决。

一、前束概述

(一)前束的概念

为保证汽车稳定的直线行驶,应使转向轮具有自动回正作用,即当转向轮在偶然遇到外力(如碰到石块)作用发生偏转时,在外力消失后能立即自动回到直线行驶的位置。这种回正作用是由转向轮的定位参数来保证实现的。前轮前束就是这些定位参数中的一种。

为了消除车轮外倾带来的不良后果,在安装车轮时,使汽车两前轮的中心面不平行,两轮前边缘距离小于后边缘距离,两者的距离之差即为前轮前束,如图5-1所示。

(二)前束的作用

为了使汽车保持稳定的直线行驶和转向轻便、减少轮胎和燃料的消耗以及机件的磨损,前轮(转向轮),转向节和前轴与车架的安装要保持一定的相对位置。它包括主销后倾、主销内倾,前轮外倾和前轮前束四个参数,且参数之间要有合理的匹配关系。但是在制造、装配、调整以及车辆的使用过程中,由于零件的磨损、变形等各种原因,又常会使用前轮定位参数及参数之间的匹配关系发生变化,直接影响到汽车行驶的稳定性及相关零件的磨损,特别是前轮胎的磨损,甚至会造成行车事故。对于非独立悬架的汽车,前轮定位中主销后倾、主销内倾、前轮外倾的定位参数在设计、制造时已经基本确定,一般不再做调整,因而在维修中一般只是通过检测调整前轮的前束值来满足安全检测的要求。

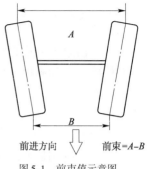

图 5-1 前束值示意图

前轮定位参数中的车轮外倾,是为了提高前轮工作的安全性和转向操纵轻便性。但是,车轮有了外倾角 α 后,如图 5-2 所示,当前轮向前滚动时就类似滚锥绕着锥尖滚动,车轮的滚动轨迹不再是直线向前而是逐渐向外偏斜(向外滚开的趋势);但受到车桥的转向横拉杆的约束,使车轮不能任意向外偏斜,而只能是边向外滚动边向内内侧滑动(侧滑),其结果是轮胎横向偏磨增加,轮毂轴承负荷增大等。

为了消除前轮外倾的不利影响,应该给外倾的前轮一个合适的修正量就是两轮前端边缘的距离 A,即为前轮前束如图 5-3 所示。在前束的作用下,前转向前滚动的轨迹要向内偏斜,偏斜的方向与前轮外倾的偏斜方向相反,前轮外倾产生的侧向力和前束产生的侧向力,方向相反,互相抵消,减少或避免了轮胎的异常磨损,使车轮向着前方滚动,如图 5-4 所示,延长了轮胎的使用寿命。由此可见,前轮外倾导致前轮向侧滑,而前轮前束则是克服向内侧滑的。因此,前轮外倾和前轮前束是直接影响前轮是否侧滑(轮胎不正常磨损)的两个决定因素。一般车桥都是具有固定的外倾角,那么前轮是否发生侧滑主要决定于前束值。

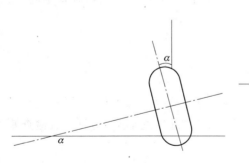

图 5-2 车轮外倾角示意图

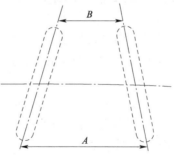

图 5-3 前束值

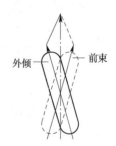

图 5-4 前束和外倾角的相互作用

部分车型的前轮前束值参考表 5-1。

部分车型的前束值 表 5-1

项　　目	切诺基	奥迪100	丰田雷克萨斯	桑塔纳	捷达轿车
前轮前束(mm)	±0.79	0.5~1.0	1 ±2	1~3(-20°±16′)	-10′~+10′

二、前束的检测

汽车前束值的检查和调整是最常见的汽车维修作业。检查和调整的准确程度与否,将直接影响汽车操纵稳定性和运行安全性,还会影响转向系统和轮胎的磨损速率。由于汽车结构的差异,各种类型汽车的前束值及其检查测量部位是不相同的。这样使得检查测量前束值时,容易混淆测量部位,导致所检查和调整的前束值与汽车制造厂所规定的不一致,影响了汽车的正常运行。为了便于汽车前束值的检查测量,使汽车获得准确的前束值,现将汽车前束值检查测量方法及部分车型前束值和前束值检查测量部位归纳整理,供维修作业时参考。

(一)前束检查测量部位

汽车前束值检查测量部位可以分成下列几个位置:

(1)轮胎胎冠中心线位置处。

(2)轮胎内侧突出点位置处。

(3)轮胎内侧规定直径位置处。

(4)轮胎内侧内边缘位置处。

(5)轮辋内侧外边缘位置处。

(6)制动鼓内侧外边缘位置处。

(7)轮胎外侧轮辋辐板位置处(供安装车轮定位仪)。

(二)检查测量前束值时应注意的几个事项

1. 检查测量前束值的汽车应具备的技术条件

(1)左右轮胎气压正常,规格型号、花纹深度要一致。轮胎胎体无破裂、割伤、起包、异常的变形和磨损故障。

(2)轮辋无变形,在制动鼓上安装位置正确。

(3)转向系统(主销与转向节轴承和前轴配合间隙、拉杆球销间隙等)、轮毂轴承间隙、轮胎螺栓紧度正常。

2. 确认汽车装用的是何种类型的轮胎

装用子午胎的前束值小于装用斜交胎的前束值。

3. 确定检查与测量部位

由于各汽车制造厂规定的前束值检查测量部位不相同,所以在检查测量时要确定其规定的检查测量部位。对于汽车制造厂没有明确规定检查测量部位的车型,其前束值检查测量部位应选择在轮胎胎冠中心线位置处为佳。

(三)前束的检测方法

根据我国目前汽车的保修单位的技术装备状况,汽车前轮前束的检测调整一般有以下两种方法。

1. 静态检测调整

即把汽车停放在平坦的地面上,用前束尺或卷尺以及其他测量仪器检测前轮的前束值,再通过调整横拉杆的长度,使前轮的前束值恢复到汽车规定的前束值(或称设计值)范围内。

2. 动态检测调整

即检测车辆侧滑量的大小与方向,在静态下调整转向机构的横拉杆长度,改变前束值。通过反复检测调整,最终使前轮的滑量达到国家标准(<5m/km)。

(四)静态检测

1. 使用卷尺来检测前束值

目前我国有部分汽车修理厂由于设备比较简陋,修理工厂的技术水平较低,通常用卷尺来检测前束值并进行调整,检测方法为:

(1)把汽车停放在平坦的地面上,车轮摆在直线的行驶位置。

(2)对非独立悬架的前桥,用千斤顶支起前桥。

(3)在两轮胎胎冠表面中心处(有些汽车在胎侧)分别作一"十"字记号。

(4)把"十"字记号转到最前端处(与车轮轴线应同处于一水平面上),用卷尺测得距离 B 值。

(5)把"十"字记号向后转动180°,量后端距离 A 值,其前束值即为 $A-B$ 值。

如果前束值不符合要求,则通过调整横拉杆的长度使前束值恢复到汽车规定的范围内。

此种检测方法虽然简便,但测量的前束误差较大,其原因有以下几个方面:

(1)一般是用粉笔做"十"字记号,如线条画得较粗,使测量前、后位置有读数误差。

(2)测量时一般把车轮转到测量的前端位置,使测量点在车轮轴线的水平面上,如图5-5的1、2位置还可以,但测量点如在3、4或4、5的位置就不能保证测量点在最前端与最后端的位置,也影响读数的准确性。

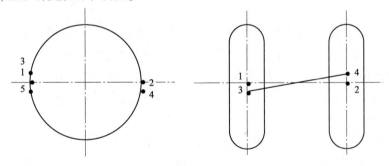

图5-5 前束的测量点

(3)两轮测量点如不在同一水平面,由 标准距离1、2变为3、4会使距离变大。

2. 使用前束尺进行检查

另一种常用的静态检测方法是用前束尺来检测,其检测方法为:

(1)将被测汽车停放在水平且硬实的地面上,并使左右两前轮呈直驶位置,并向前滚动2m以上。

(2)用千斤顶支起前桥,在胎冠表面用粉笔涂敷,转动车轮用金属划针画出胎冠中心线上。

(3)放松千斤顶,使前轮着地(仍保持直驶位置)。

(4)将前束尺置在前轮前方,尺杆与车桥平行,调整两指针使针尖端距离地面高度等于被测车轮的半径值,旋转游标尺使之与标尺对准零位,松开活动齿杆的固定螺钉,调整尺杆长度,使两指针分别指到被测车轮的胎冠中心处(有的车是测胎侧),然后将尺杆固定,如图5-6所示。

图5-6 前束尺测量法测量前束

(5)将前束尺移至被测车轮的后方,使前束固定指针至轮胎冠中心线,测出与前方距离的差值即为被测车轮的前束值。

如发现不符合要求,可调整横拉杆的长度,使前轮的前束值恢复到汽车规定的范围内。也有的采用光束、水准车轮定位仪进行静态检测的,后两种检测的前束值比较准确。如发现前束值不符合要求的,可将其调整至设计值。

但是对不同车型,不同使用条件下的汽车,要确定不同工况最理想的前轮定位参数值以及它们之间的最佳匹配关系是困难的,特别是国产汽车,由于我国汽车技术、制造水平还不够高,前轮定位参数多是通过计算、试验,参照同类车型的情况确定的。因而有些车型的定位参数不够合理,又如北京BJ212新车以侧滑量为零调整前束后,再检测前轮前束值,发现大约有50%的汽车前束值在设计值范围。由此可见,原来设计的前轮定位参数不一定是最理想的。如果利用静态检测调整方法调整前束值,即使前束值在设计范围内,但前轮的侧向滑移量不一定达到国家标准,有可能侧滑现象比较严重。

(五)动态检测方法

汽车在实际使用过程中,零件的磨损、变形以及保修过程中检测调整不当,都会引起前轮定位参数发生变化,如主销与衬套磨损过大、轮毂轴承松旷、左右轮胎气压不一致、轮胎偏磨以及转向梯形机构球关节变大等,都将导致车轮外倾角与前束值的改变。此外,前轮前束还与汽车的行驶状态有关。随着行驶中滚动阻力的增大,前束值也会减少。因此,采用静态检测方法,使前束恢复到车辆规定的数值,相当大一部分汽车是不能达到前轮定位参数的最佳或理想匹配状态的。利用动态检测方法才能发现前轮定位参数之间的匹配是否合理,据此对前束进行调整,使前轮的侧滑量在规定范围内(< 5m/km)所对应的前束值才是正确的值,汽车说明书规定的前束值应该是参考值,这样才能最大限度地满足前轮定位参数间的最佳匹配要求。

对于前桥是独立悬架的汽车来说,左右转向的定位参数基本上是独立的,左右两轮相互干涉较小。为使左右前轮各自的定位参数间匹配较好,需要分别对左右转向轮进行检测调整,在这种情况下更需要通过动态检测进行调整,才能达到理想的要求。如果是利用静态检测调整,不但不容易达目的,还容易造成左右轮的定位参数严重偏差(即左右转向轮各自的定位参数间严重失去匹配关系),有些正在使用的小轿车左右转向轮的轮胎异常磨损或磨损不均匀,主要就是这一问题所引起的。

(六)汽车前束检查频率

汽车每行驶12000km时还应检查调整前轮前束,前轮前束为1~5mm。前束不当将使前轮胎面磨损加剧。

另外,前束值的检查也可以在专用前轮定位仪上进行。

三、汽车前束的调整

前轮前束可通过改变横拉杆的长度来调整。调整时可根据汽车生产厂家规定的测量位置,使两轮前后距离差符合规定的前束值,一般前束值在 0~12mm 之间为正常。

如果汽车横拉杆平直的,可以通过调节横拉杆的长度调整前束值,具体做法如下:

(1)顶起前桥。

(2)旋松转向横拉杆两端接头的夹紧螺栓的螺母,松动螺栓。

(3)用管子扳手扭转横拉杆即可调整前轮前束,在横拉杆后面,用管钳向前转向横拉杆,前轮前束增大,反之则前束减小,或使横拉杆伸长或缩短,拉杆伸长,前束值将增大,拉杆缩短,前束值将减小。

(4)直到前束符合标准后,按规定力矩拧紧接头螺母,装好开口销(部分车型没有开口销),如图 5-7 中箭头所示,现代轿车上,部分轿车无开口销,直接用螺母锁紧。

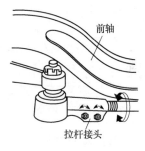

图 5-7 球头上的开口销

如果汽车横拉杆是弯曲的,在调整时不能旋转横拉杆,而应旋转横拉杆两端的拉头。又因为左右两端螺纹螺距不同,因此在调整时应先旋转某一边的横拉杆接头,如果旋转一圈就会超过前束值而退回一圈又达不到要求时,可以再旋转另一边的拉杆接头,配合调整,直到符合要求时为止,调整好后将锁紧螺栓拧紧。

任务实施

一、准备工作

(1)防护装备:防护三件套、室内五件套。

(2)车辆、台架、总成:举升机、新能源汽车(E6 或秦)一辆。

(3)工具、设备:常用工具一套、常用工具车一辆、球头拉马、钢卷尺。

(4)辅助耗材:毛巾、劳保用品。

二、做前束调整的条件

(1)车辆空载、轮胎气压符合规定要求。

(2)悬架系统性能正常。

(3)转向拉杆球头、下摆臂球头无松旷现象。

(4)方向机无间隙与损伤。

(5)两侧的轮胎花纹深度差不超过 2mm。

(6)车辆停放在水平地面上进行检查调整。

三、前束检查调整需要的工量具

调整前束时需要使用的工量具见表 5-2。

调整前束时需要使用的工量具 表 5-2

卷尺		19号梅花开口扳手	
球头拉马		13号开口扳手	
21号开口扳手		19号套筒	
一字螺丝刀		12.5mm系列快速扳手	

四、操作步骤

(1) 将车辆停放到新能源汽车专用工位,关闭起动按钮,做好场地、工位防护。

(2) 支撑车辆,支撑位置如图 5-8 中黑色箭头所指部位,举升车辆到合适高度。

(3) 在车轮的正前面选择两点并用粉笔做好标记,然后用一卷尺测量两标记之间的距离,并记录下来称为 A 值,如图 5-9 所示。

图 5-8 车辆支撑位置

图 5-9 用卷尺从前端测量前束

图 5-10 用卷尺从后端测量前束值

(4) 把左右车轮分别向前转动 180°,再次测量两标记间的距离,并记录下来称为 B 值,如图 5-10 所示;计算的值 $B-A$ 应该在 $-3 \sim -1$ mm 之间,如果不在此范围内则要进行前束的调整。

(5) 使用 17 号梅花扳手预松球头紧固螺母,使用快速扳手和 17 号套筒拆下球头紧固螺母,如图 5-11 所示。

注意:这里的球头紧固螺母螺纹是细牙的,摆放时要与球头接头锁板紧固螺母区别放置。

图 5-11　拆卸球头紧固螺母

（6）球头螺母拆下后再使用球头专用拉马拆卸球头与转向臂的连接，如图 5-12 所示。

注意：球头专用拉马的款式是不一样的，不同车型有不一样的型号。同时，在使用球头拉马压出球头时，不要损伤螺纹。

（7）更换新的拉杆球头并正确安装；在更换完拉杆球头后重新安装球头与转向臂的连接，如图 5-13 所示，更换新拉杆球头并安装到连接孔内。

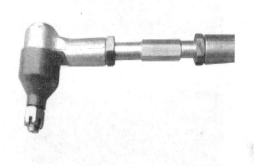

图 5-12　用球头拉马压出球头　　　　图 5-13　正确安装拉杆球头

注意：

①调整丝杆两端的锁紧垫圈必须正确装配。

②调整丝杆左右两端装配后留在外面的丝牙必须一样长。

③调整螺杆上与球头连接端是顺丝牙，与拉杆连接端是反牙。

④球头锁紧垫圈的锥形面必须与球头锥面一致。

（8）使用 13 号开口扳手与 21 号开口扳手配合，用 13 号开口扳手固定调整丝杆，用 21 号开口扳手拧松调整拉杆两端的锁紧螺母，操作方法如图 5-14 所示。

（9）使用 13 号开口扳手逆时针转动调整拉杆，如图 5-15 所示。使右车轮的转向拉杆总长度变短；顺时针转动调整拉杆则使这一边的转向拉杆总长度变长。

（10）在左右拉杆调整完毕后，如出现左右调整丝杆长度不一致，如图 5-16 所示，则属于调整操作错误，需要重新进行。

（11）调整完毕再次测量检查前束值是否符合要求（-3 ~ -1mm），如图 5-17 所示。

（12）在检查前束值符合要求后，再按照图 5-18 所示的方法，固定住调整拉杆，重新拧紧左右两边调整拉杆的并紧螺母。

图 5-14 前束调整的操作方法　　　　图 5-15 转动拉杆调整前束

 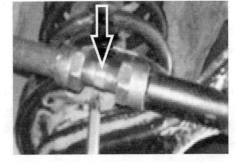

图 5-16 调整后的拉杆长度应一致

图 5-17 前束值调整后的检查

图 5-18 拧紧拉杆固定螺母

五、技能考核标准

技能考核标准见表5-3。

技能考核标准　　　　　表5-3

序号	项　目	操作内容	配分	评分标准	得分
1	停放车辆，防护	车辆停到专用工位上，并对场地进行防护	12分	(1)停到工位上4分； (2)拉起围栏4分； (3)放置警示牌4分	
2	举升车	支撑并举升到合适高度	12分	(1)支撑位置正确2分； (2)位置支撑住边梁4分； (3)支撑安全检查2分； (4)高度合适2分； (5)有效锁止举升机2分	
3	测量前束中A值	选择左右两前轮中心线，用粉笔进行标记	8分	(1)选择中心线4分； (2)做好标记4分	
4	测量前束中B值	转动车轮180°，测量前束B值	8分	(1)转动车轮180°4分； (2)量取前束B值4分	
5	计算前束值并判断	计算前束值	4分	计算A和B之间的差值，判断是否在车型允许范围之内4分	
6※	拆卸球头螺母	拆卸球头螺母	4分	(1)用梅花扳手预松2分； (2)用快速扳手拆下2分	
7※	压下球头	将球头从转向节上压下	8分	(1)球头拉马安装到位2分； (2)不损坏螺纹2分； (3)工具合适2分； (4)取下球头2分	
8	松开转向防尘罩外侧卡箍	松开防尘罩卡箍	6分	(1)一字螺丝刀2分； (2)扭松卡箍2分； (3)检查是否松到位2分	
9	松开拉杆紧固螺母	用两把开口扳手，一把固定调节杆，一把扭松固定螺母	8分	(1)工具型号4分； (2)操作正确4分	
10	调整拉杆长度	用开口扳手转动调节杆，调节拉杆和球头的相对长度	8分	(1)工具型号4分； (2)转动合适4分	
11	调整后检查A值	旋转车轮记号处到车轮前部，测量A值	8分	(1)转动两车轮记号处到正前方4分； (2)测量A值4分	

续上表

序号	项 目	操作内容	配分	评分标准	得分
12	调整后测量 B 值	转动车轮180°,测量前束 B 值	8分	(1)转动车轮180°4分; (2)量取前束 B 值4分	
13	计算前束值		4分	判断是否在标准范围内4分	
14	拧紧锁紧螺母	调整合适后,紧固调整杆	4分	(1)工具合适4分; (2)力度合适4分	
15	降下车辆		6分	(1)预升2分; (2)落下车辆2分; (3)收回举升臂2分	
16	5S工作	清扫、清洁	4分	(1)车辆5S 2分; (2)场地5S 2分	
	总分		100分		

注:带※号部分,不列入实训评分。

思考与练习

(一)填空题

1. 车轮定位通常包括主销内倾、_____、_____和_____四个参数。

2. 车轮的回正作用通常是由_____来保证。

3. 前轮是否发生侧滑主要决定于_____。

(二)判断题

1. 可以通过加大车轮外倾角的方式来消除前束带来的轮胎偏磨。　　　　　(　)

2. 调整前束时,可以让两侧的调整杆长度不一样。　　　　　　　　　　　(　)

3. 检查前束值时,可以不用拆卸转向拉杆的球头。　　　　　　　　　　　(　)

4. 调整前束值时,通常需要两把梅花扳手配合使用。　　　　　　　　　　(　)

5. 前束不当将使前轮胎面磨损加剧。　　　　　　　　　　　　　　　　　(　)

(三)简答题

1. 何为前束值?

2. 前束有何作用?

3. 调整前束时需要使用哪些工量具?

4. 整车通常要满足哪些条件,才能做前束调整?

项目四
电动汽车二级维护检验

　　本项目主要介绍电动汽车二级维护的作业维修检验,项目下有一个学习任务,即电动汽车二级维护进厂检验项目和技术要求及电动汽车二级维护过程检验、竣工检验项目和技术要求。

　　通过对本项目的学习后,学员将能够描述进厂检验的重要性和方法,进厂检验的项目和技术要求有哪些,过程检验的重要性和方法,过程检验的项目和技术要求,及竣工检验时的注意事项和竣工检验的技术要求,并要求学员学习了本项目以后,能够独立地完成进厂检验和竣工检验。

任务6 电动汽车二级维护过程检验、竣工检验项目及技术要求

学习目标

❖ 知识目标
完成本任务学习后,你应能:
1. 讲述过程检验的重要性和方法;
2. 讲解竣工检验的定义及所包含的过程;
3. 描述竣工检验的项目和技术要求。

❖ 能力目标
完成本任务学习后,你应能:
1. 口述竣工检验所检查的项目和技术要求;
2. 完整、规范地对电动汽车进行竣工检验。

任务描述

为了保证车辆出厂时的维修质量,修理厂或4S店在对车辆进行维护或修理时,均要对整个过程进行必要的监控。因此,严格落实质量检验制度、加强质量检验和质量监督工作,是保证汽车维修质量不容忽视、不可缺少的重要环节。

理论知识准备

一、过程检验概述

在维修作业的全过程中,都要进行过程检验。过程检验实行维修工自检、班组内部互检及检验员专检相结合的办法。过程检验的主要内容是零件磨损、变形、裂纹情况;配合间隙大小;有调整要求的调整数据;重要螺栓螺母拧紧力矩。对涉及转向、制动等安全部件更须严格的检查。对不符合技术要求的部件,应进行修复、更换,以确保过程作业的质量。过程检验的数据由检验员在检验签证单上完整记录,未经过程检验签证的车辆,检验员有权拒绝进行竣工检验。

二、竣工检验概述

(一)竣工检验定义

和传统内燃机汽车一样,纯电动汽车维修竣工后,必须由专职检验员对其进行技术性能的检验,目的是通过对车辆进行外部检查和道路行驶试验后,了解其维护质量,以便发现问

题而及时解决。竣工检验可以分为行驶前检验、行驶中检验和行驶后检验三部分。

竣工检验一般是由检验员专职进行,必须严格按照《汽车二级维护竣工出厂技术条件》逐项进行检验签证,必要时进行路试。竣工检验的结果应逐一填写在检验签证单上,未经竣工检验合格的车辆不得送监测站检测,不得出厂。

(二)竣工检验内容

1. 行驶前检验

行驶前检验主要有以下内容:

检查各部件是否完整、装配是否正确、驱动电机运转和仪表指示等工作是否正常、润滑的部位是否已加注润滑油或润滑脂等。

在进行行驶前的检验时,一般是外观检查开始,检查车辆外观,从车前检查车头、保险杠、驾驶室等是否完整;从车后检查车厢是否平整,各种灯具、备胎、随车工具、警示牌等安装是否牢固。检查车辆底盘时,应从车下检查转向器、制动管路、螺旋弹簧、减振器是否安装牢固,各转向拉杆球销、转向机构处开口销是否完整可靠;检查单挡变速器内是否有漏油现象,同时检查制动主缸、轮缸等有无泄漏或溅出的油迹。检查发动机舱时,应打开发动机罩检查发动机罩开启和关闭是否灵活、支撑及附件是否完好齐全。发动机舱中各部件安装是否正确、是否有漏油和漏水现象等。

进入驾驶室检查时,应重点检查制动踏板是否比加速踏板高或平齐,制动踏板、驻车制动操纵杆等在地板的缝隙内是否存在摩擦和卡滞现象,踏板回位是否迅速;另外,还要检查驾驶室内通风及暖风装置、风窗玻璃及升降器是否完好,喇叭及灯光是否正常,转向盘自由行程(游动间隙)是否符合要求。

对车轮进行检查时,应重点检查车轮轮毂轴承、转向节销、衬套、固定螺母是否松旷、间隙是否过大;轮胎气压是否符合规定;前轮转向角是否符合要求,有无擦碰;另外,转动车轮时,制动鼓与制动蹄片之间不得有摩擦;后轮有摇摆现象发生。

2. 行驶中的检验

行驶起步前,检查仪表各指示灯点亮情况是否良好,能否正常上 OK 电(或 ON 挡电),行驶过程中,低速行驶 2~3km,使底盘各运动部件温度逐渐提高及润滑逐渐达到正常,并注意有无异响,在确保制动有效、转向轻便灵活后,再提高车速;另外,还应选择合适的场地检验车辆的最小转弯半径是否符合原车规定。在车辆行驶过程中主要是检测底盘各总成工作状态,行驶时的操作应特别慎重,注意安全。

在加、减速中听取驱动电机、变速器、传动轴、轴承等处有无异响。在不同的稳定速度下,允许驱动系统有不同响声,但不允许有敲击声;当速度突然变化时,不应该有明显的外部响声;传动轴、车轮等在正常行驶时不应有响声;当车辆转弯时,前桥等速万向节、助力电机等不应该有响声。在行驶检验中,需要重点检查的是车辆的制动性能。

检查制动性能应重点注意以下四点:

(1)均匀踏下制动踏板时,制动力应平稳增加,制动踏板踏至全程的 1/2~2/3 时,能使同一轴上的两轮同时制动而不跑偏。

(2)在平坦干燥的路面上,速度为 30km/h 时,小车制动距离不大于 6m,且车轮的横向移位不得超过一个胎面宽度。

(3) 车速在 15km/h 时，缓慢拉动驻车制动操纵杆应能制动，轿车在 30% 的坡道上，驻车制动操纵杆拉至 2/3 行程内时，能可靠驻车且不滑溜。

(4) 当车辆进行制动时，检查仪表上驱动电机功率指示灯点亮情况，正常情况下，驱动电机功率表应指示在负功率区域，表明在车辆进行制动时，电机的发电性能良好。

3. 行驶后检验

在车辆经过行驶运转、道路颠簸振动、各部件温度逐渐正常的情况下，应无漏油、漏水、松动、脱落或温度过高等现象。

行驶后，应重点检查以下四点：

(1) 检查各轮毂温度是否正常，重点检查并拧紧转向器各部螺栓、副车架与车身连接螺栓、半轴螺母和轮毂轴承螺母等。

(2) 检查冷却系统无漏水现象，单挡变速器无漏油、制动轮缸无漏油现象、制动软管固定良好，无擦碰现象。

(3) 检查灯光、信号装置等工作情况是否正常。

行驶后，如果发现全车各部位有松动现象，外部可以调整校正的，应立即紧定或调整，如果是必须拆开修理的内部故障，则应返工修理。

三、竣工检验项目和技术要求

(一) 整车检验

1. 清洁

通过目检的方式，对全车进行检验，查看全车外部、车厢内部、行李舱内部及各总成外部是否清洁。

2. 紧固

在对车辆进行行驶检验之前，要对前桥螺栓、后桥螺栓、控制臂螺栓、转向器固定螺栓、制动轮缸固定螺栓、车轮螺栓等各总成外部螺栓、螺母紧固，锁销齐全有效。

3. 润滑

通过检视的方式，对全车进行检验，要求各个润滑部位的润滑装置齐全，润滑良好。

4. 密封

在对车辆进行行驶检验之前，必须对其密封性能做检查，要求全车密封性能良好，无漏油、无漏液和无漏气现象。

5. 故障诊断

在进行竣工检验时，要对其进行故障诊断，利用解码仪读取各个系统的故障码，维修完毕的车辆车载诊断系统中要无故障信息。

6. 附属设施

在竣工检验时，也要求对车辆的附件设施进行检验，主要检查车内外后视镜、灭火器、随车工具、安全带、刮水器等齐全完好、功能正常。

(二) 驱动电机及其附件的检验

1. 驱动电机工作状况

在行驶检验之前，要检查电机的上电情况，在正常工作温度状态下，驱动电机上电三次，成功上电次数要不少于两次,保证能可靠上电。通过路试的方式进行行驶检验,要检查驱动电机在低速、中速和高速等不同工况下的运转稳定情况,正常情况下要求驱动电机运转平稳、无异响。

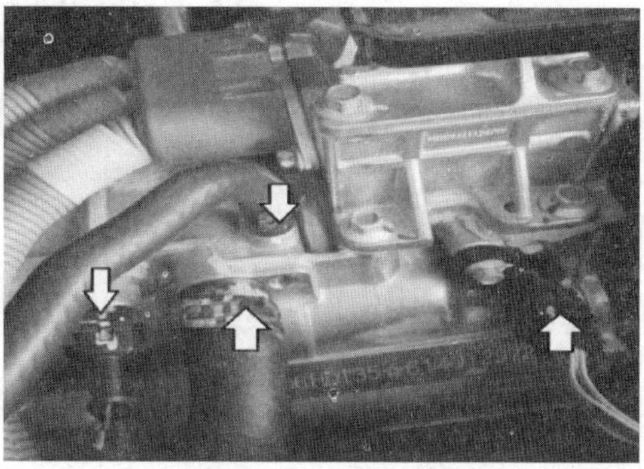

2. 驱动电机附件装备

行驶检验前,需要检查驱动电机的附件准备,要求附件准备齐全有效,如驱动电机固定螺栓连接可靠,驱动电机低压线路线束插接可靠、走向正常,冷却管路走向正常、密封性能良好等,如图6-1中箭头所示。

图6-1 电机附件检查

(三)动力电池及充电口检验

1. 动力电池外观

在对电动汽车进行行驶检验前,必须对动力蓄电池的外观进行检验,要求动力蓄电池外观整洁,壳体无凹陷、损伤,无漏液现象。

2. 充电接口及线束

检查车辆的充电口(快速充电口和慢速充电口)和线束,要求充电口清洁、无异物、无破损、锁止可靠,插接器牢固,锁止装置完好,如图6-2所示,线束整洁无破损。

(四)制动系统的检验

1. 驻车制动性能

检查车辆的驻车制动性能,要求符合GB 7258中相关的规定。

2. 行车制动性能

辆进行行车制动性能检验时,要求符合GB 7258规定,道路运输车辆符合GB 18565规

图6-2 充电口检查

定。同时,电动汽车还要求检查行车制动时,制动能量回收指示器(电机功率指示灯)工作状态,是否进行能量回馈(即充电指示灯或功率指示表是否点亮)。

(五)转向系统的检验

1. 转向盘最大自由转动量

在车辆行驶检验前,需要通过目检的方式,检查转向盘的自由行程,设计车速不小于100km/h的车辆,其转向盘的最大自由转动量不大于15°,其他车辆不大于25°,内容参见二级维护中图4-9所示。

2. 转向机构

在车辆行驶检验前,需要目检的方式,检查转向机构各部件连接可靠、锁止、限位功能正常,转向时无运动干涉,转向轻便、灵活,转向无卡滞现象。转向节臂、转向器摇臂及横直拉杆无变形、裂纹和拼焊现象,球头销无裂纹、不松旷,转向器无裂损、无漏油现象,如图6-3中箭头所示。

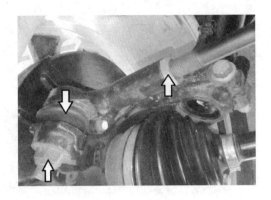 

图 6-3 转向机构检查

(六) 行驶系统的检验

1. 轮胎

同轴轮胎应为相同的规格和花纹，转向轮不得装用翻新的轮胎，轮胎花纹深度及气压符合规定，轮胎的胎冠、胎壁不得有长度超过 25mm 或深度足以暴露出帘布层的破裂和割伤以及凸起、异物刺入等影响使用的缺陷，检验内容可参见二级维护中行驶系统的检查维护部分。

2. 弹性元件

螺旋弹簧无锈蚀现象、外观无损伤、上下端固定可靠。

3. 减振器

减振器稳固有效，无漏油现象，橡胶垫无松动、变形及分层。

4. 车桥

无变形、表面无裂痕、无锈蚀现象，密封良好。

5. 转向轮横向侧滑量

符合 GB 7258 规定，道路运输车辆符合 GB 18565 规定。

(七) 牵引及传动装置的检验

1. 牵引连接装置

牵引连接装置连接可靠，连接装置螺纹无锈蚀，如图 6-4 所示，牵引装置中的锁止、释放机构工作可靠。

图 6-4 牵引装置检查

2. 变速器、传动轴

检查变速器壳体有无破裂、漏油现象，行驶时有无异响、振动。传动轴胶套有无破损、漏油，万向节伸缩是否良好，车辆行驶时，传动轴有无异响。

(八) 照明、信号指示装置和仪表的检验

1. 前照灯

采用目测的方式，检查前照灯是否完好有效，工作性能正常，检验内容参见一级维护中内外部灯光检查部分，性能参数符合 GB 7258 中的相关规定。

2. 仪表

车辆行驶过程中,通过目检的方式检查仪表,要求仪表中各表工作性能正常,能正常地显示相关信息,如图6-5所示。

图6-5 仪表检查

3. 信号指示装置

通过目检的方式,检查转向灯、制动灯、示廓灯、危险报警灯、雾灯、喇叭、电量指示灯、能量回收指示器等信号指示装置完好有效,如图6-6所示。

图6-6 信号指示灯检查

任务实施

一、准备工作

（1）防护装备:防护三件套、室内五件套、绝缘手套、遮拦、维修警示牌。

（2）车辆、台架、总成:举升机、新能源汽车一辆。

（3）工具、设备:常用工具一套、常用工具车一辆、手电筒、绝缘电阻表或万用表、扭力扳手、手锤、测试笔、含水率检测仪、冰点检测仪、故障诊断仪。

（4）辅助耗材:毛巾、劳保用品。

二、竣工检验需要的工量具

竣工检验需要使用的工量具见表6-1。

竣工检验需要使用的工量具　　　　表6-1

手电筒		手锤	

续上表

测电笔		手套	
一字螺丝刀		含水率检测仪	
冰点检测仪		绝缘电阻表（万用表）	
扭力扳手		诊断仪	

三、操作步骤

（1）将车辆停放到新能源汽车专用工位，关闭起动按钮，做好场地防护、维修工位防护及场地的安全提示。

（2）拉开机舱手柄，打开发动机罩，安装机舱三件套，断开低压蓄电池负极。

（3）拆卸附件后，检查并戴好绝缘手套，拔下维修开关进行高压断电，详细内容参见一级维护中实训。

（4）检查驱动电机外观、固定情况、高压线连接情况及附件的连接情况。

（5）检查高压配电盒上高压线束的连接情况，检查 DC/DC 高压线束连接情况，是否可靠，如图 6-7 所示。

图 6-7 配电盒和 DC/DC 高压线束检查

（6）打开充电口盖，检查充电口处有无异物、破损，盖板能否可靠锁止（不同品牌、不同车型充电口位置可能会不一样），如图 6-8 中箭头所示。

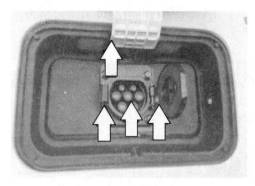

图6-8 充电口盖检查

(7)支撑车辆,安全检查支撑情况后,举升到合适高度,并有效锁止举升机。

(8)检查动力蓄电池外观及底部有无擦伤、划痕、漏液等现象,连接线束是否完好。

(9)目检车身有无擦伤、划痕、凹陷、变形等现象。

(10)目检底部保护层有无异常情况,制动管路固定是否良好。

(11)目检4只减振器、制动轮缸有无漏油现象,转向拉杆有无弯曲、胶套是否破损、卡箍是否松动、螺旋弹簧有无锈蚀,使用手锤轻微敲击球头连接螺栓,检查是否紧固。

(12)使用手锤轻微敲击控制臂螺栓,检查是否连接紧固。检查副车架螺栓紧固情况,检查后桥与车身连接是否紧固,如图6-9所示(不同悬架类型,螺栓位置可能会不一样)。

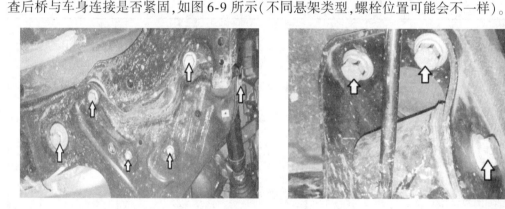

图6-9 底盘螺栓检查

(13)目检单挡变速器底部有无漏油现象,轻微敲击检查加油螺栓和放油螺栓紧固情况。

(14)落下车辆到地面,检查轮胎气压是否符合要求,外观是否有破损,使用手锤轻微敲击轮胎螺栓,检查轮胎螺栓的紧固情况。

(15)装上维修开关及附件,装上低压蓄电池负极接线。目检机舱内三液(制动液、防冻液、刮水器清洗液)或四液(助力转向液)液面是否符合要求,必要时检查制动液含水率和防冻液的冰点,各储液罐盖子是否盖紧。

(16)目检机舱内低压线束的固定、走向,低压插接器连接情况是否良好。

(17)收起机舱三件套,检查机舱铰链和发动机罩锁,关闭发动机罩。

(18)目检前、后部灯光是否齐全有效。

(19)打开起动开关,拉动转向盘,检查转向盘的自由行程是否在规定范围之内,安装诊断接头(位于驾驶人前方,制动踏板上面,如图6-10所示),读取各系统内有无故障码。

图6-10 诊断头连接口

（20）拿开警示牌和遮拦，路试车辆，目视各指示灯工作性能是否良好，仪表指示是否正常，车辆制动时是否进行能量回馈。

（21）路试车辆，检查转向性能是否能正常回位，是否存在侧滑。

（22）路试中踩下制动踏板检查制动性能及电机发电性能，查看驱动电机功率指示表是否能显示充电。

（23）检查驱动电机不同转速下有无异响，加、减速时变速器有无异响，加、减速时底盘有无异响。

（24）回到工位上，放好警示牌和遮拦，举升车辆到合适高度，可靠锁止举升机，目检变速器底部有无漏油现象。

（25）落下车辆到地面，再次连接诊断仪，检查各系统是否存在故障码。

（26）收回诊断仪，进行场地、车辆的 5S 管理。

（27）填写竣工检验记录单（表 6-2）。

竣工检验记录单　　　　　　　　　　　　　　表 6-2

托修方				车牌号			车型	
	项目		评价	项目		评价	项目	评价
外观状况	清洁			减速器（变速器）、传动轴			悬架	
	紧固			动力电池			减振器	
	润滑			充电插头、插座			车轿	
	密封			高压线束			牵引连接装置和锁止机构	
	附属设施			绝缘性			前照灯	
	驱动电机工作状况			转向机构			信号指示装置	
	驱动电机附件			轮胎			仪表	
故障诊断	车载诊断系统（OBD）故障信息		□无　　□有　　故障信息描述：					评价：
性能检测	转向盘最大自由转动量/(°)			评价：	转向轮横向侧滑量/(m/km)		第一转向轴：	评价：
							第二转向轴：	评价：
		车轴		一轴			二轴	
	制动性能	台架	轴制动率/%	结果				
				评价				
			制动不平衡率/%	结果				
				评价				
		整车参数	项目	整车制动率/%			驻车制动率/%	
			结果					
			评价					
		路试	初速度/(km/h)	参数	制动距离/m	MFDD/(m/s^2)	制动稳定性	
				结果				
				评价				
	前照灯性能	参数	灯高/mm	远光光强/cd		远光偏移/(mm/10m)		近光偏移/(mm/10m)
				结果/cd	评价	垂直 评价 水平 评价		垂直 评价 水平
		左外						
		左内						
		右外						
		右内						

续上表

检验结论：		检验员签字：		年　月

注：1. 检验数据在"结果"栏填写，合格在"评价"栏"√"，不合格在"评价"栏打"×"，无此项目填"——"。
　　2. 制动性能检验选择"台架"或"路试"。路试制动性能采用"制动距离"或"充分发出的平均减速度MFDD"评价。

四、技能考核标准

技能考核标准见表6-3。

技能考核标准　　　　　　　　　　　　　　　　　　　　　表6-3

序号	项　目	操作内容	配分	评分标准	得分
1	停放车辆，防护	车辆停到专用工位上，并对场地进行防护	4分	(1)停到工位上1分； (2)关闭按钮1分； (3)拉起围栏1分； (4)放置警示牌1分	
2	拆低压蓄电池负极	拉开机舱手柄，打开机舱发动机罩，安装机舱三件套，断开低压蓄电池负极	5分	(1)拉开手柄1分； (2)打开发动机罩1分； (3)安装机舱三件套1分； (4)工具对1分； (5)拆负极1分	
3	高压断电	拆附件，拔维修开关	5分	(1)打开杂物箱盖1分； (2)拿底板1分； (3)拆底罩1分； (4)拔插头1分； (5)拆维修开关1分	
4	驱动电机	外观，固定情况，高压线连接情况及附件的连接情况	4分	(1)外观1分； (2)固定情况1分； (3)高压线连接1分； (4)附件连接1分	
5	配电盒，DC/DC	高压线束连接	2分	(1)配电盒线束1分； (2)DC/DC线束1分	
6	充电口盖	有无异物、锁止、铰链	4分	(1)锁止情况1分； (2)有无异物1分； (3)铰链情况1分； (4)外盖板铰链1分	
7	举升车辆	支撑车辆，安全检查支撑情况后，举升到合适高度，并有效锁止	4分	(1)支撑1分； (2)安全检查1分； (3)高度合适1分； (4)有效锁止1分	

续上表

序号	项 目	操 作 内 容	配分	评 分 标 准	得分
8	动力蓄电池检查	外观检查、线束检查	2分	(1)外观1分； (2)线束1分	
9	底部车身	外观检查	1分	外观检查1分	
10	底板保护层	有无异常、管理固定是否良好	2分	(1)底板检查1分； (2)制动管路1分	
11	底盘附件检查	减振器、轮缸检查、拉杆及球头、螺母、弹簧	6分	(1)减震器1分； (2)轮缸检查1分； (3)拉杆1分； (4)球头1分； (5)螺母1分； (6)弹簧1分	
12	底盘螺栓	控制臂螺栓、前副车架螺栓、转向器固定螺栓、后悬架螺栓	4分	(1)控制臂螺栓1分； (2)前副车架螺栓1分； (3)转向器固定螺栓1分； (4)后悬架螺栓1分	
13	单挡变速器	有无漏油、螺栓紧固	2分	(1)漏油1分； (2)螺栓紧固1分	
14	车轮	气压是否足够、外观有无破损、螺栓是否紧固	10分	(1)气压3分； (2)外观3分； (3)螺栓紧固4分	
15	机舱内检查	装上维修开关及附件，装上低压蓄电池负极接线。目检机舱内三液或四液液面，储液罐盖子是否盖紧	10分	(1)装开关1分； (2)锁止1分； (3)装插头1分； (4)装底座1分； (5)垫块1分； (6)关闭杂物箱1分； (7)装负极线1分； (8)三液检查及盖子检查3分	
16	机舱低压线束	线束的固定、走向，低压插接器连接	2分	(1)线束的固定走向1分； (2)插接器连接1分	
17	关闭机舱盖	收三件套，检查机舱铰链，关闭发动机罩	3分	(1)收三件套1分； (2)检查机舱铰链1分； (3)关闭高度合适1分	
18	前部灯光	小灯、近光灯、远光灯、雾灯、左右转向灯、警告灯、驻车灯	4分	小灯、近光灯、远光灯、左右转向灯、警告灯各0.5分	
19	后部灯光	小灯、左右转向灯、警告灯、雾灯、制动灯、倒车灯、牌照灯	4分	小灯、左右转向灯、警告灯、雾灯、制动灯、倒车灯、牌照灯各0.5分	

续上表

序号	项 目	操 作 内 容	配分	评 分 标 准	得分
20	室内	自由行程检查、自诊断	4分	(1)打开起动开关1分； (2)检查自由行程1分； (3)接诊断头1分； (4)读取故障码1分	
21	路试、检查仪表	拿开警示牌和遮拦、路试车辆、检查仪表	3分	(1)拿开警示牌和遮拦1分； (2)路试车辆1分； (3)检查仪表1分	
22	路试、检查转向	回位功能、是否有侧滑	2分	(1)回位功能1分； (2)是否有侧滑1分	
23	制动检查	制动性能、电机发电性能	2分	(1)制动性能检查1分； (2)查看仪表检查发电性能1分	
24	电机异响、变速器异响	加、减速电机异响，加、减速变速器异响	2分	(1)电机异响1分； (2)变速器异响1分	
25	复检有无泄漏	驶回工位、附件有无泄漏	2分	(1)放警示牌遮拦0.5分； (2)合适高度0.5分； (3)锁止举升机0.5分； (4)目检变速器有无漏油0.5分	
26	再次自诊断	落下车辆到地面、检查试车后有无故障码	1分	利用解码仪重新检查有无故障码1分	
27	车辆、场地、5S	5S管理	2分	(1)车辆5S 1分； (2)场地5S 1分	
28	填写检验记录单	填写检验记录单	4分	填写检验记录单4分	
	总分		100分	得分	

思考与练习

(一)填空题

1. 车辆维修结束后，都要进行_____。

2. 竣工检验一般是由_____完成。

3. 过程检验实行的是维修工_____，班组内部的_____和_____相结合的办法。

4. 竣工检验总的可以分为_____检验、_____检验和行驶后检验三部分。

5. 车辆行驶前，打开起动开关，要检查_____灯点亮后才能行驶。

6. 路试时，通常需要听_____、_____和底盘有无异响。

7. 在车辆进行制动路试时，需要观察仪表上_____表是否显示充电。

8. 设计车速不小于100km/h的车辆，其转向盘的最大自由转动量不大于_____度。

(二)判断题

1.竣工检验时,转向系统通常需要检查拉杆有无弯曲变形,球头胶套有无破损,拉杆卡箍是否卡紧,防尘罩是否破损等。( )

2.对于纯电动汽车,路试时不仅要检查制动性能,还要检查是否有能量回馈。( )

3.4S店的过程检验通常落实的是三检制度。( )

4.竣工检验时,底盘上需要通过轻微敲击的方式,检查底盘螺栓是否紧固。( )

5.竣工检验时,需要对充电口进行检查。( )

6.过程检验通常是由检验员、班组长和组员共同完成。( )

7.竣工检验完成后,检验员要填竣工检验记录单。( )

8.未经检验员检验合格的车辆,不得交予用户。( )

(三)简答题

1.竣工检验路试时,需要检查哪些项目?

2.在进行行驶系统的检验时,需要检查哪些部位?

项目五
电动汽车故障诊断

本项目主要介绍电动汽车故障诊断的方法、流程和技术要求，项目下有六个学习任务，各个任务中主要简述了解码仪的功能、使用方法，驱动电机系统、动力电池系统、整车电气电控系统、纯电动汽车充电系统、空调系统等常见的典型故障的故障现象，诊断思路、诊断方法和技术要求。

通过对本项目的学习后，学员将能够描述解码仪的功能、使用方法，驱动电机系统、动力蓄电池系统、电气电控系统、纯电动汽车充电系统、空调系统等常见的典型故障案例，能对典型故障案例进行合理的分析和处理。学习完相应的任务后，要求学生能够在实车上或教学实训台上，对各系统的典型故障进行描述讲解，并结合实训流程对典型故障给以排除。

任务7　故障诊断基础及解码仪的使用

学习目标

❖ **知识目标**

完成本任务学习后,你应能:
1. 描述对电动汽车进行故障诊断时遵循的策略;
2. 讲解电动汽车故障诊断的基本方法;
3. 讲解 ED400 解码仪具备的功能;
4. 口述 ED400 解码仪面板各按键的功能。

❖ **能力目标**

完成本任务学习后,你应能:
正确使用 ED-400 或同类仪器对纯电动汽车进行诊断与数据流的分析。

任务描述

作为一名技术人员,对车辆进行故障诊断时,经常要使用解码仪去获得一些与故障现象相关的数据,对于经常使用的解码仪,你能对它的功能进行介绍吗?熟悉他控制面板上各个键的功能吗?如果主管让你去调取一辆客户反映故障车辆的故障码(DTC)和与故障码(DTC)相关的关键数据信息,你能正确使用对应车型的诊断仪并读取到你需要的信息吗?

理论知识准备

一、电动汽车故障诊断策略及方法

(一) 电动汽车基本故障诊断策略

面对高电压混合动力汽车或纯电动汽车发生故障时,"基本故障诊断策略"的流程可以提供一个基础的诊断思路,并适用于所有车辆的诊断。针对每种诊断情况遵循一种类似的方案,可以最大程度地提高车辆的诊断和修理效率。

"基本故障诊断策略"是具体故障诊断思路的一个基本原则,但在实际维修诊断过程中,不一定需要严格遵循这样的诊断思路,因为具体维修诊断中,有些步骤凭借个人的经验和之前的维修经历,可以直接给出正确的答案,没有必要再浪费时间重复步骤去验证。

但是,针对很多初学的技术人员来说,该诊断策略可以帮助其建立一个正确的诊断思路,为日后进一步提升诊断能力打下基础。

电动汽车的基本故障诊断策略基本流程如图 7-1 所示。

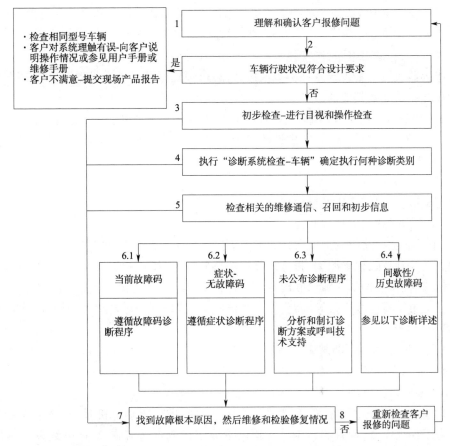

图 7-1 故障诊断策略基本流程

第一步，理解并确认客户报修问题。诊断策略的第一步是尽可能多地了解客户情况。例如，这个故障显现是何时出现？何处出现该状况？该状况持续了多长时间？该状况多久发生一次？为了确认客户报修问题，必须首先熟悉系统的正常工作情况。

第二步，确认车辆行驶状况。车辆正常运行时，存在该情况，那么客户描述的故障情况可能属于正常情况。在与客户描述情况相同的条件下，与操作正常的类似车辆进行比较，如果其他车辆存在类似情况，那么这可能是车辆的设计原因。

第三步，预检并进行全面的目视检查，包括：

(1)对车辆进行外观全面检查。

(2)检测是否有异常的响声或异味。

(3)采集故障码(DTC)信息，以便进行有效的修理。

第四步，执行系统化的车辆诊断与检查。通过预检获取的信息，针对故障区域进行系统化的诊断和确认，确认系统工作是否正常，并确定执行何种诊断类别。

第五步，查询或检索相关的案例信息。查阅已有案例信息，确定是否之前已有这样的故障维修案例，这样可以最大程度缩短后期维修和诊断的时间。

第六步，诊断类别。

(1)针对当前故障码：按照指定的故障码诊断以进行有效的诊断和维修。

(2)针对无故障码:选择合适的症状诊断程序,按照症状诊断思路和步骤诊断、维修。

(3)针对未公布的诊断程序:分析问题,制订诊断方案。从维修手册中查看故障系统的电源、搭铁、输入和输出电路,确定接头和其他多条电路相连接的部位。查看部件的位置,确认部件、连接器或线束是否暴露在极端温度或湿度环境,以及是否会接触到其他具有腐蚀性的蓄电池酸液、机油或其他油液。

(4)针对间歇性/历史故障码:间歇性故障是一种不连续出现、很难重现,且只在条件符合时发生的故障。一般情况下,间歇性故障是由电气连接器和线束故障、部件故障、电磁/无线电频率干扰、行驶状况导致的。以下方法或工具有利于定位和修理间歇性故障或历史故障码:

①结合专业知识和可用的维修信息。

②判断客户描述的症状和状况。

③使用带数据捕获(数据流读取)功能的故障诊断仪、数字式万用表。

第七步,找到故障根本原因,再修理并检验修复情况;找到故障根本原因后,进行修理并检验是否正确操作。确认故障诊断码或症状已消除。

第八步,重新检查客户报修问题:如果未能找到问题所在,必要时重新检查,重新确认客户报修问题。

(二)电动汽车故障诊断基本方法

1.诊断前注意事项

必须查询并依照电动汽车的维修手册,依规依序操作。

(1)电动汽车高压电气系统,包含动力电池、逆变电路、驱动电机系统、电子控制系统和线束等,为了保证安全,所有的高压电线均已采取密封或隔离措施,高压电线束采用洁净的橙色加以区分,维修手册上清楚标注出所有橙色线为高压电线(200~500V)。

(2)维护时注意"READY"指示灯,"READY"灯点亮发动机可能运转中,以此判断车辆此时是处于工作还是停机状态(注意"READY"指示灯熄灭后电源仍会持续5min供电)。在对车辆维修工作之前,都要确保"READY"指示灯是熄灭的,故应关闭点火开关,并把车钥匙取下来。

(3)在维护检修时按规定着装,禁止佩戴首饰、手表、戒指、项链、钥匙等。维护检修准备吸水毛巾或布、灭火器、绝缘胶布、万用表,必须选用适用于电工作业的绝缘的、耐碱性的橡胶手套及防碱性类型的鞋子和护目镜,防止电解液溢出等造成的意外伤害。

2.诊断前操作准备

对新能源汽车进行诊断、维修、处理损坏车辆、进行事故恢复或急救工作时,必须首先禁用高电压系统,具体方法如下:

(1)挡位开关置于P挡位置,驻车制动,拔下钥匙。

(2)断开辅助电池负极端子。

(3)戴上绝缘手套拆下手动维修开关,将手动维修开关用绝缘胶布贴封起来,隔离外露区域与高压系统的接线端或连接器。

(4)断开手动维修开关后,在开始检查前等待5min,使用万用表检测需要维修的高电压系统输入与输出线路的每一个相位电压,读数必须小于规定值(一般小于3V)。

3. 诊断与维修基本步骤

第一步,初步判断故障前行驶状况、故障时车辆状况及对相关信息进行分析。

新能源汽车在故障状态下均会进入失效保护模式,虽然不同的汽车制造厂商设计的失效保护模式不一定相同,但是主要的动力驱动系统模式却很相似。

第二步,采用车辆故障诊断仪诊断汽车故障时,检查并记录系统中所有的故障码,确认高电压系统存在的故障码,并将故障信息码优先排序。

第三步,检查并记录每一个系统,并检查历史记录数据。因为历史记录数据可以被用作故障再现试验,因为它知道在故障被检测到时行驶和操作的状态。

目前大多数故障诊断仪的故障码读取系统界面中,会在故障码后显示故障码出现的优先顺序,提示检车诊断维修人员排查故障正确顺序。

第四步,在分析故障码时,需要区分与故障不关联的故障码。例如,在普锐斯车型中,不关联的故障有:

(1)在日光照射不了的条件下,代码 B1424(日光传感器回路异常)有时会输出。

(2)高电压系统有故障时再生制动器不起作用,电子制动系统 ECU 从 HVECU 接受故障信号并输出故障码 C1259(HV 系统再生故障)、C1310(HV 系统故障)。

(3)电动助力系统 ECU 从 HV ECU 接受故障信号并输出故障码 C1546(HV 系统故障)。

(4)当 12V 蓄电池端子断开,电子悬架系统输出(转向中间位置自动校正不完全故障)故障码 B2421。

(5)维修人员按照故障码优先顺序检查 P0A60-501(相位 V 电流传感器故障),在故障恢复后清除故障码,并检查故障是否能够重现,以确定故障可靠排除。

第五步,主动测试功能应用。主动测试主要用于对新能源车辆进行故障检查,并使车辆保持特定的运行状态。

4. 诊断与修理后检验

进行修理后,部分故障诊断码需要点火开关先置于 OFF 位置,再置于 ON 位置后,才可使用故障诊断仪清除故障码。

第一步,将点火开关置于 OFF 位置。

第二步,安装所有诊断时拆下或更换的部件或连接器。

第三步,在拆下或更换部件或模块时,可能还需重新进行程序的设定。

第四步,将点火开关置于 ON 位置。

第五步,清除故障码。

第六步,将点火开关置于 OFF 位置持续 60s。

第七步,如果修理与故障码有关,则再现运行故障码的条件并使用"冻结故障状态"功能,以便确认不再设置故障码。

(三)电动汽车故障自诊断内容

对于纯电动汽车会大量使用控制模块和电气元件,如传感器、执行器等。为提高对这些电气元件在售后中故障诊断的速度和准确性,车辆的控制系统都会设计有一套自诊断系统。故障自诊断主要完成对控制模块、传感器和执行器的状态进行实时监测,其内容包括:

(1)能够实时监测系统的故障信息。

(2)设定故障失效的备份值,在设定一个故障码时,控制器也应该设定一个与该故障信息相对应的默认输入或者输出值,且此默认值必须保证整个系统还能够在一个比较安全的工况下工作。

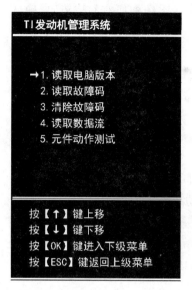

图7-2 故障自诊断内容

(3)冻结帧信息的存储,为了给随后的维修提供参考,同时能够让维修人员更清楚了解故障发生时刻车辆的相关信息。因此,必须定义并存储故障的冻结帧信息。

(4)警告驾驶人,控制器确定了某一个故障后,还必须根据实际情况给驾驶人提供相应的信息,如点亮报警灯或声音提示等。

(5)能够实现与外部通信,外部诊断仪可以获取存储的故障信息。

为了实现上述功能,在日常使用的专用诊断仪对车辆诊断时,获取的主要信息基本可以概括为故障监测(读取故障码)、诊断数据管理(读取数据流)和诊断服务(元件动作测试),如图7-2所示。

(四)故障自诊断过程

1. 故障监测

故障监测部分完成了以下几种类型的故障诊断,主要有控制器相连的传感器、执行器、CAN通信和控制器本身的故障。

1)传感器故障

传感器本身就产生电信号,对传感器的故障诊断在软件中编制有传感器输入信号识别程序或者相应的逻辑判断实现对传感器的故障诊断,传感器故障类型主要有对地短路/断路、对电源短路/断路、传感器性能不佳。传感器类故障码举例见表7-1。

传感器类故障码举例　　　　　　　　表7-1

项　目	DTC号	类　型
DTC	P2238	氧传感器泵电流电路低(A/F传感器)(列1传感器1)
DTC	P2239	氧传感器泵电流电路高(V/F传感器)(列1传感器1)
DTC	P2252	氧传感器泵电流电路低(A/F传感器)(列1传感器1)
DTC	P2253	氧传感器泵电流电路高(A/F传感器)(列1传感器1)

2)执行器故障

执行器进行的是控制操作,控制信号是输出信号,要对执行器的工作情况进行诊断。一般增设故障诊断电路,即ECU向执行器发出一个控制信号,执行器要有一条专用回路向ECU反馈其执行情况。当ECU得不到反馈信号或与期望值不符合时便认为该执行器已经不能正常工作,执行器类故障码举例见表7-2。

执行器类故障码举例　　　　　　　　　　　表 7-2

DTC 号	INF 代码	DTC 检测条件	故障可能发生部位
P0A09	591	DC/DC 转换器的信号电路开路或搭铁短路	线束或连接器带转换器的变频器总成
P0A10	592	DC 转换器的信号电路或 +B 短路	线束或连接器带转换器的变频器总成

3）CAN 通信故障

（1）总线关闭故障：控制器不能和总线进行正常通信，CAN 发送器的故障计数器大于 255 时，设置 CAN bus 关闭故障。

（2）数据帧发送超时故障：在特定时间内，对于 CAN 通信而言，一般为 5 倍的 CAN 发送周期，如果 CAN 数据帧没有发送出去，此时设置数据帧发送超时故障。

（3）信号错误：如果通信过程中出现信号传输错误，必须要在应用程序中设置默认值，主要的监测方法是通过对每一个信号增加更新位，或者其他方式来间接的判断是否出现信号错误。

4）控制器本身故障

控制器本身故障主要包括随机存储器（RAM）、只读储存器（ROM）等故障，诊断时在硬件上增加后备回路的同时，还增加独立于电控单元系统之外的监视电路，监视回路中设置计数器。当电控单元正常运行时，由电控单元中的运行程序对计数器定时进行清零处理，此时监视电路中计数器的数值永远不会出现溢出现象。

当电控单元出现不正常运行现象时，其将不能对计数器进行定时清零，致使监视计数器发生溢出现象。监视计数器溢出时其输出电平将由低电平变为高电平，计数器输出电平的变化，将直接触发备用回路。

2. 处理方式

（1）故障确认：在故障数据管理中主要对来自于故障监测模块的信息进行计数，当计数器达到限值后，即故障确认，并且设置相应的标志位信息。

（2）故障清除：在故障数据管理中根据故障监测模块的信息和当前的故障状态对相应的计数器操作，当该计数器达到相应的限值，自动清除存储器中该故障的相关信息。

（3）故障数据的存储：在故障数据管理中根据故障的状态将与此故障相关的一些冻结帧及计数器的信息存入存储器中。

二、比亚迪 ED400 诊断仪功能与使用

诊断仪器用于对应车型的故障诊断，也称解码器、故障扫描仪等。不同车型采用的诊断仪器也有所不同。

除了必须注意高压安全外，新能源汽车检测仪器和普通车辆的检测仪器操作基本相同。

（一）主要功能

比亚迪 ED400 检测仪器具备以下功能：

(1) 自诊断。主要包括：读取故障码、清除故障码。

(2) 系统参数显示。主要包括：主要参数、测试项、传感器信号电压的显示。

(3)系统状态。主要包括:编程状态、冷却系统、稳定工况、动态工况、排放控制、氧传感器、怠速、故障灯、紧急操作、空调等10项状态的显示。

(4)执行器试验。主要包括:故障灯、燃油泵、空调继电器、风扇控制、点火测试、单缸断油等6项功能的测试。

(5)里程计。主要包括:车辆行驶里程、行驶时间的显示。

(6)版本信息。主要包括:车架号码(可选)、ECU硬件号码、ECU软件号码的显示。

(二)诊断仪操作面板简介

比亚迪ED400面板左侧为一个液晶显示器,用于显示各种诊断信息。面板右侧为操作按键部分,如图7-3所示。

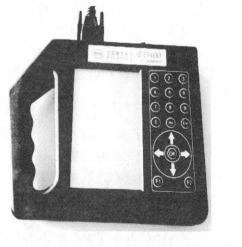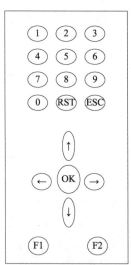

图7-3 比亚迪ED400面板

按键功能介绍如下:

(1)数字键0~9:菜单选择,数字输入等。

(2)方向键↑↓←→:上、下键进行菜单选择,左、右键进行翻页操作;在进行数字输入时,向上键进行加1操作,向下键进行减1操作,向左键进行退格操作,即清除前一位数字;在进行元件动作测试时左键为关闭操作,右键为激活或打开操作。

(3)重置按键RST:系统复位。

须谨慎使用,使用时请按住此键保持1~2s再松开。

(4)返回/退出键ESC:返回上一级目录;退出当前功能页面;退出当前设置项目。

(5)确定键OK:进入下一级目录;确认进行某一功能操作。

(6)多功能按键F1、F2:F1用于显示帮助内容;F2打印当前页面内容;这两个按键在特殊情况下可以作为辅助输入功能键,比如输入正负号等,具体见相应页面提示。

(三)诊断仪使用及说明

根据诊断仪的型号、版本以及车型不同,显示界面和操作步骤可能不同,请根据诊断仪器的提示操作。

电动汽车诊断仪的使用如图7-4所示。

图 7-4 电动汽车诊断仪的使用

(1)与普通车辆一样,从车上的故障诊断接口接上诊断数据线。
(2)使用一键起动按钮为车辆上 ON 挡电。
(3)进入诊断功能选择界面。
(4)选择车型诊断,如图 7-5 所示。
(5)进入诊断车型选择界面。
(6)选择需要诊断的车型(E6)。
(7)进入诊断系统选择界面。
(8)选择发动机管理系统,如图 7-6 所示。

图 7-5 功能选择　　　　　图 7-6 诊断系统选择

(9)进入发动机管理系统选择界面。
(10)选择"TI 发动机管理系统",如图 7-7 所示。
①读取电脑版本。
电脑版本信息是厂家自定义的一组数据。用来标识一些基本的信息,如 Vehicle Identification Number,即车辆识别码(VIN)等。
②读取故障码。

该功能可以把 ECU 检测到的故障以特定代码（即故障码）形式显示出来。关于故障码的编码规范详见行业相关标准。如系统无故障，BYD-ED400 将提示"系统无故障"，如图 7-8 所示。若系统有故障，"信息栏"将列出所有的故障码及相应故障信息，如图 7-9 所示。

图 7-7　诊断系统功能选择

图 7-8　系统无故障

图 7-9　系统有故障码

每一条故障信息由 4 部分组成。最前面的是序号，无实际意义；第二部分是如"P0122"的形式，即所谓的故障码，第一个字母"P"表示该故障是发动机部分故障，与后 4 位数字"0122"共同组成一个故障码，它是按相关标准编制的；第三部分是用小括号括起来的，表示该故障的状态，有"当前""历史"和"间歇性"三种不同状态，"当前"表示该故障一直存在着，不能通过"清除故障码"功能清除掉，"历史"表示该故障之前发生过，但在本次诊断时该故障已解决，可以通过"清除故障码"将它清除掉，"间歇性"则表明该故障是一个偶尔发生的故障，有可能是接触不良所引起的，一般也可以通过"清除故障码"功能将之清除；第四部分是完整的故障信息简单描述，有的故障信息若在 BYD – ED400 中没有包含，则会提示"故障码无定义"。

屏幕右上角"Page:1/2"表示接收到的故障信息总共分成 2 页显示，当前为第 1 页的内容，用户可以按"帮助栏"提示按方向键[→]翻到第 2 页查看其他的故障信息。也可以按[←]键翻回到第 1 页。

③清除故障码。

该功能用于把 ECU 中记录的一些历史性或间歇性故障清除。若操作成功如图 7-10 所示。该动作推荐用户重复进行 2～3 次，以确保清除完全。

④读取数据流。

该功能用于向用户展示车辆的各项数据状态，包括发动机当前转速、车速等信息。通信成功之后的显示如图 7-11 所示。当前显示的是第 1 页内容。用户可以按左、右键翻页查看其他数据内容。

图 7-10 故障码清除　　　　图 7-11 数据流显示

⑤元件动作测试。

元件动作测试分两种控制方式,分别为开关量、控制量,如图 7-12 所示。每种量的执行动作方式各不相同,下面分别叙述。

所谓开关量是指这些量只有两种状态:打开或关闭。所以用户只需要进行简单操作即可完成相应动作。

如图 7-13 所示,符号"★"表示当前正在控制的量。同时右边会显示当前的用户期望操作状态:开或关(未进行操作时显示的状态为"未知")。用户可以按上、下键来选择所要测试的项目。按左、右键控制当前开关量,左键执行关闭操作,右键则执行打开操作。

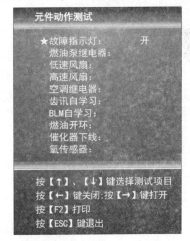

图 7-12 开关量选择　　　　图 7-13 开关量元件动作测试

用户如果需要放弃对当前选中项目的控制权,只需按上下键选择另外的测试项目即可,或者也可以通过按【ESC】键退出当前页面。

控制量是一些设置量,通过这些量的设定可以改变 ECU 的一些内部变量,从而改变发动机的工作状态。

如图 7-14 符号"★"表示用户当前可以设置的项目。用户可以通过按上、下键选择所需

· 105 ·

要进行设置的量,用户按【OK】键进入相应的项进行设置。

以第一项炭罐控制阀的设置为例,进入设置界面后显示如图 7-15 所示的界面。

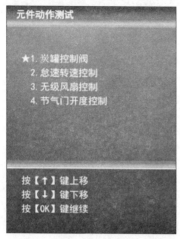 

图 7-14　控制量元件动作测试　　　　　　图 7-15　输入设置值

图中信息栏中第一行为用户输入的设置值,第二行为输入设置值的取值范围。输入的值不能超过规定的范围,否则会操作失败。

说明:"元件动作测试"这部分请慎用。非专业技术人员或专业维修人员请不要使用这部分功能,以免操作不当,损坏发动机系统。

任务实施

一、准备工作

(1)防护装备:绝缘防护装备、防护三件套、室内五件套、遮拦、维修警示牌。
(2)车辆、台架、总成:举升机、新能源汽车(E6 或秦)一辆。
(3)工具、设备:诊断仪 ED400、插线板、万用表、手电筒、一字螺丝刀。
(4)辅助耗材:毛巾、劳保用品、洁具。

二、故障诊断需要的工量具

故障诊断需要使用的工量具见表 7-3。

故障诊断需要使用的工量具　　　　表 7-3

手电筒		绝缘电阻表(万用表)	
诊断仪 ED400		一字螺丝刀	

三、操作步骤

注意：检测前请进行维护用品的安装。

(1) 检查翼子板布是否齐全。

(2) 打开主驾驶车门，铺设脚垫，套上转向盘套、座椅套。

(3) 断开点火开关，挂入 P 挡，拔出车钥匙。

(4) 打开发动机罩，固定支架，铺设翼子板护垫。

以下以比亚迪 E6 车型为例，介绍比亚迪 ED-400 诊断仪的使用与数据流读取的方法，如图 7-16 所示。

在接通汽车后诊断仪屏幕会亮起，若程序未运行或出现乱码情景，可拔下仪器的数据线重新连接一次，即可继续操作，并且请确保测试接头和诊断仪接触良好，以保证信号传输不会中断。

比亚迪 E6 各系统静态数据流读取步骤如下：

(1) 打开诊断仪工具箱。

(2) 取出诊断仪、诊断仪连接线。

(3) 连接诊断仪上的通信接口（图 7-17）。

(4) 连接诊断线到车辆 OBD-Ⅱ 诊断座（图 7-18）。

图 7-16　诊断仪使用与数据流读取方法

图 7-17　连接诊断仪的通信接口

图 7-18　连接车辆 OBD-Ⅱ 诊断座

(5) 起动车辆，打开仪器电源，进入功能选择界面，选择车型诊断。

(6) 选择所检测的车型，进入 E6 动力网系统。

(7) 进入读取动力网全部模块故障码，查询所有故障（图 7-19）。

(8) 进入主控制器，选择 PTC 模块（图 7-20、图 7-21）。

(9) 读取系统故障码（图 7-22、图 7-23）。

(10) 记录故障码内容后，清除故障码。

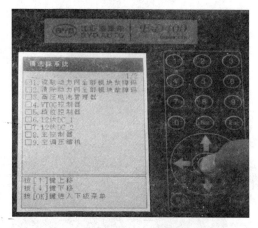

图 7-19 查询所有故障

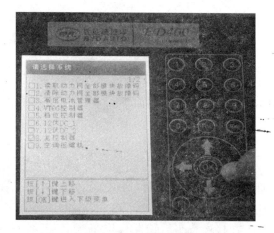

图 7-20 进入主控制器

图 7-21 选择 PTC 模块

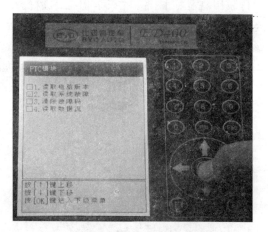

图 7-22 读取系统故障码

(11) 重新读取故障码,查看故障码是否被清除。

(12) 返回车辆主菜单,进入高压电池管理器(图 7-24)。

图 7-23 读取系统故障码

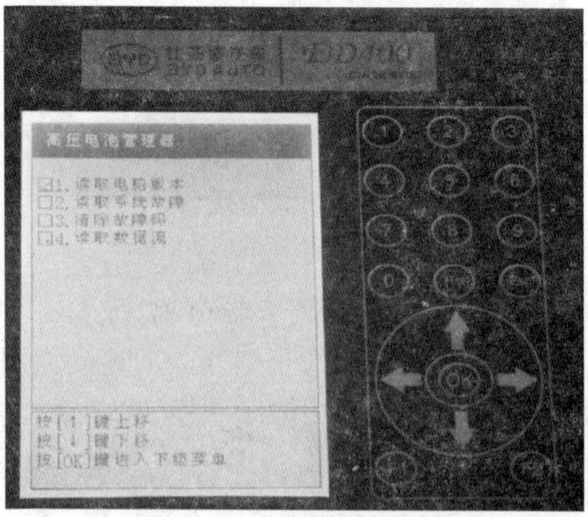

图 7-24 进入高压电池管理器

(13) 读取电脑版本。

(14)读取系统故障码,如有故障码,参照前面步骤清除故障码(图7-25)。
(15)读取数据流。根据检测需要进行数据流读取(图7-26)。

图7-25　清除故障码

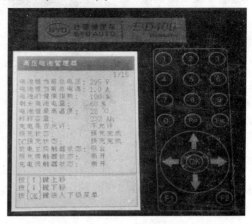

图7-26　进行数据流读取

(16)退出至诊断仪主菜单(图7-27)。
比亚迪E6动态数据流读取步骤如下:
(1)进入车型诊断。
(2)进入车辆车型。
(3)进入E6动力网系统。
(4)进入VIOG控制器。
(5)读取电脑版本。
(6)读取各工况的动态数据流。
①踩下制动踏板,挂入前进挡(图7-28)。

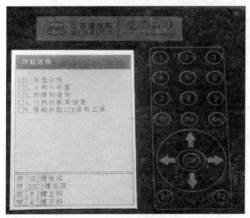

图7-27　退出至诊断仪主菜单

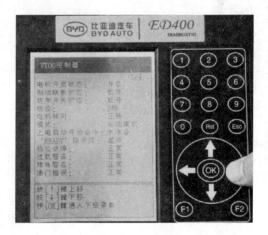

图7-28　挂入前进挡

②踩下加速踏板(图7-29)。
③踩下制动踏板,挂入倒车挡。
④踩下加速踏板(图7-30)。
(7)踩下制动踏板,挂入空挡。

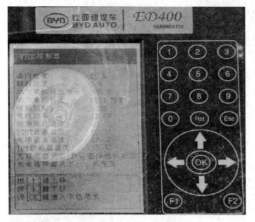 图7-29 踩下加速踏板

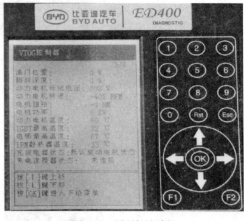 图7-30 踩下加速踏板

（8）返回诊断仪主菜单。

四、技能考核标准

技能考核标准见表7-4。

技能考核标准 表7-4

序号	项目	操作内容	配分	评分标准	得分
1	连接线与诊断仪的连接	将诊断仪与诊断连接线连接	6分	（1）公端与母端相连接3分； （2）螺栓拧紧3分	
2	诊断仪与诊断口连接	将诊断线连接到诊断口上	9分	（1）关闭起动开关3分； （2）找到诊断接口3分； （3）连接上3分	
3	诊断仪开起	打开诊断仪	6分	（1）打开起动开关3分； （2）打开ED400电源开机3分	
4	选择车型诊断	进入主界面，选择车型诊断	8分	（1）进入主界面4分； （2）选择车型诊断4分	
5	进入动力网	选择检测的车型，进入E6动力网系统	8分	（1）选择检测的车型4分； （2）进入E6动力网系统4分	
6	查询故障码	进入动力网全部模块，查询所有故障	6分	（1）进入动力网全部模块3分； （2）查询所有故障3分	
7	进入PTC模块	进入主控制器，选择PTC模块	6分	（1）进入主控制器3分； （2）选择PTC模块3分	
8	读取系统故障码	读取系统故障码	9分	（1）读取故障码3分； （2）记录故障码3分； （3）分析原因3分	
9	清除故障码	清除故障码	3分	清除故障码3分	
10	重读故障码	重读故障码	6分	（1）重读故障码3分； （2）查看是否被清除3分	
11	进入高压电池管理器	进入高压电池管理器	6分	（1）进入主菜单3分； （2）进入高压电池管理器3分	

续上表

序号	项 目	操 作 内 容	配分	评 分 标 准	得分
12	读取电脑版本	读取电脑版本	3分	读取电脑版本3分	
13	退出到诊断仪主菜单	退出到诊断仪主菜单	3分	退出到诊断仪主菜单3分	
14	进入车型诊断	进入车型诊断	3分	进入车型诊断3分	
15	选择车型	选择车型	3分	选对车型3分	
16	进入E6动力网	进入E6动力网	3分	进入E6动力网3分	
17	进入VIOG控制器	进入VIOG控制器	3分	进入VIOG控制器3分	
18	读取数据流	进入VIOG控制器	3分	进入VIOG控制器3分	
19	读取数据流	读取数据流	6分	(1)读取数据流3分; (2)记录数据流3分	
20	车辆、场地、工具5S	5S管理	6分	(1)车辆5S 2分; (2)场地5S 2分; (3)工具5S 2分	
	总分		100分		

思考与练习

(一) 填空题

1. 在对送修车辆进行目视检查时,首先要对车辆的_____进行全面检查。并检测是否有_____或异味。

2. 在选择功能主界面中,可以选择_____、诊断卡烧写、诊断仪版本信息、_____、诊断仪操作指南等功能。

3. 电动汽车选挡杆通常有_____、_____和 N 三个位置。

(二) 判断题

1. 如果在主动测试中运行正常,则可以判断从 ECU 至执行器的电路正常。（ ）

2. 新能源汽车的基本诊断策略,第一步是理解并确认客户报修问题。（ ）

3. 间歇性故障在检修中是最简单的。（ ）

4. 仪表上红色指示灯闪烁或点亮,说明仪表坏了,需要更换。（ ）

5. 对新能源汽车进行诊断、维修等工作时,必须首先禁用高电压系统。（ ）

6. 除了必须注意高压安全外,新能源汽车检测仪器和普通车辆的检测仪器操作基本相同。（ ）

7. 元件动作测试的控制量具有打开和关闭两种工作状态。（ ）

8. 如果在主动测试中运行正常,则可以判断从 ECU 至执行器的电路正常。（ ）

(三) 单项选择题

1. 起动车辆,"READY"指示灯点亮表明(   )。

　　A. 发动机已正常起动　　　　　　　B. 车辆动力系统准备就绪

C.挡位位于 D 挡   D.车辆有故障

2.诊断新能源汽车故障的第一步是(　　)。

  A.检查并确认故障描述   B.使用诊断仪读取 DTC

  C.检查车辆外观   D.了解故障的原因

3.诊断新能源汽车故障的最后一步是(　　)。

  A.维修故障   B.清除 DTC

  C.修理后检验   D.找出故障位置

4.如果高压系统故障或不能供电,在仪表上显示(　　)不亮。

  A.OK 灯或 READY 灯   B.动力电池指示灯

  C.电机故障指示灯   D.车辆故障指示灯

(四)简答题

1.比亚迪 ED400 检测仪通常具备哪些功能?

2.简述 ED400 诊断仪上的 ESC 键的作用。

3.在对电动汽车进行诊断前需要注意哪些事项?

任务 8　动力驱动系统故障诊断

学习目标

❖ 知识目标

完成本任务学习后,你应能:

1.描述动力驱动系统的结构组成;

2.讲解动力驱动系统的上、下电流程;

3.读懂动力驱动系统的控制电路图;

4.描述电动汽车无法起动的诊断思路和诊断流程。

❖ 能力目标

完成本任务学习后,你应能:

1.结合电路图,描述无法起动的控制逻辑关系;

2.结合电路图,利用诊断工具,在实车上或实训台上完成对电动汽车无法起动这一故障诊断及排除。

任务描述

    一车主给 4S 店打电话,描述其车辆昨天晚上停车时,车还好好的,早晨起来用车时,车辆就无法起动了。具体现象是,打开起动开关后,全车都有电,中央仪表也亮,但无论是前进挡还是倒挡,驱动电机都不工作。如果你是维修技术人员,遇到这样的故障,你将如何解决。

理论知识准备

一、车型故障现象

一辆 ED150 电动汽车,车主使用手机端"车大夫"故障救援寻呼系统呼救,给出的呼救信息是车辆无法起动。经电话沟通,车主描述昨天车还好好的,早晨起来车辆就无法起动了。具体现象是全车都有电,中央仪表也亮,但无论是前进挡还是倒挡,驱动电机都不工作,即"驱动电机不上电"车辆无法行驶,于是使用京津冀一体化机动车维修公共服务平台免费提供的"手机端车大夫故障救援系统"呼救。

二、电动汽车驱动电机系统分析

(一)驱动电机系统简介

驱动电机系统是电动汽车三大核心部件之一,也是车辆行驶的主要执行机构,其特性决定了车辆的主要性能指标,直接影响车辆的动力性、经济性和用户驾驶感受。驱动电机系统由驱动电动机(DM)和驱动电机控制器(MCU)构成,通过高低压线束、冷却管路与整车其他系统作电气和散热连接。图 8-1 所示是驱动电机系统连接示意图。

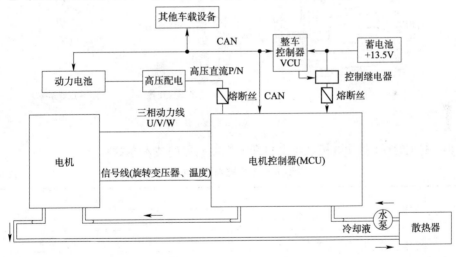

图 8-1 驱动电机系统连接示意图

其工作原理是整车控制器(VCU)根据驾驶人意图发出各种指令,电机控制器响应并反馈,实时调整驱动电机输出,以实现整车的前行、倒车、停车、能量回收以及驻坡等功能。电机控制器的另一个重要功能是通信和保护功能,实时进行车辆状态和故障信息检测,保护驱动电机系统和整车安全、可靠地运行。

(二)驱动电机系统结构组成和工作原理

电动汽车驱动电机系统主要包括驱动电动机(DM)和驱动电机控制器(MCU)两部分。

1. 驱动电动机

以 C33DB 驱动电机系统为例,C33DB 驱动电动机采用永磁同步电动机,具有效率高、体积小、质量轻及可靠性高等优点,是动力系统的重要执行机构,也是电能与机械能转化的部件,且自身的运行状态等信息可以被采集到驱动电机控制器,依靠内置传感器来提供电机的工作信息,这些传感器包括:旋转变压器,用以检测电机转子位置,控制器解码后可以获知电机转速;温度传感器,用以检测电机的绕组温度,控制器可以保护电机避免过热。图8-2是电动机、旋转变压器和温度传感器外形图。

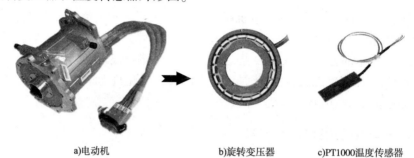

a)电动机　　　b)旋转变压器　　　c)PT1000温度传感器

图8-2　电动机、旋转变压器和温度传感器外形图

图8-3是C33DB驱动电动机零部件分解图。

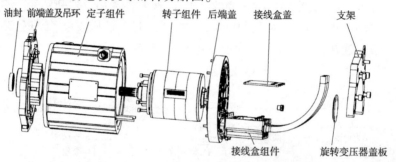

图8-3　驱动电动机分解图

表8-1是C33DB驱动电机系统电机和电机控制器的技术参数。

电动机和电机控制器技术参数　　表8-1

电动机		电机控制器	
类型	永磁同步	直流输入电压	337V
基速	2812r/min	工作电压范围	275~410V
转速范围	0~9000r/min	控制电源	12V
额定功率	30kW	控制电源电压范围	9~17V
峰值功率	53kW	标称容量	85kV·A
额定转矩	102N·m	质量	9kg
峰值转矩	180N·m	防护等级	IP77
质量	45kg		
防护等级	IP77		
尺寸(定子直径×总长)(mm)	(ϕ)245×(L)280		

2.驱动电机系统工作原理

在驱动电机系统中,驱动电机的输出动作主要是靠控制单元给定命令执行,即控制器输出命令。控制器主要是将输入的直流电逆变成电压、频率可调的三相交流电,供给配套的三相交流永磁同步电机使用。

3.驱动电机故障诊断与排除方法

驱动电机发生故障时,通常仪表板会点亮动力系统的故障警告灯,应先利用故障诊断仪读取DTC(故障码),根据故障码提示的内容进行检修。

驱动电机常见的故障如下。

(1)电机起动困难或不能起动。

①电源电压过低修理方法:调整电压到所需值。

②电机过载修理方法:减轻负载后再起动。

③机械卡住修理方法:检查后先停车解除机械锁止然后再起动电机。

(2)电机运行温度过高。

①负载过大修理方法:减轻负载。

②电机扫膛修理方法:检查气隙及转轴、轴承是否正常。

③电机绕组故障修理方法:检查绕组是否有搭铁、短路、断路等故障,给予排除。

④电机冷却不良修理方法:检查冷却系统故障,给予排除。

(3)电机及控制器故障排除见表8-2。

电机及控制器故障及排除方法　　　　　表8-2

故障现象	故障部位	故障原因	解决方案
电机或控制器过热	冷却液缺少	冷却液缺少,未按维护手册添加冷却液	溢水罐处添加冷却液
	冷却液泄漏	环箍破坏,水管接口处冷却液泄漏	更换全新环箍,留存故障件
		水管破损,水管本身冷却液泄漏	更换全新水管,留存故障件
		散热器芯体破坏,芯体处渗漏冷却液	更换散热器芯体,留存故障件
		散热器水室开裂,水室外侧泄漏冷却液	更换散热器芯体,留存故障件
		散热器水室与散热器芯体压装不良,接缝处渗漏冷却液	更换散热器芯体,留存故障件
		散热器防水堵塞丢失,放水孔渗漏冷却液	更换散热器放水堵塞
	电动水泵	冷却液杂质,导致电动水泵堵转	更换系统冷却液
		电动水泵破损,泵盖/密封圈/泵轮破坏	更换电动水泵,留存故障件
		整车线束故障,虚接/短路/断路等故障	查找线束故障,依据线束维修手册处理
		水泵控制器熔断丝/继电器熔断/插接件针脚退针	更换电动水泵,留存故障件

续上表

故障现象	故障部位	故障原因	解决方案
电机或控制器过热	散热器风扇	风扇控制器/继电器/插接件针脚退针	更换散热风扇,留存故障件
		整车线束故障,虚接/短路/断路等故障	查找线束故障,依据线束维修手册处理
		扇叶破损/断裂,扇叶不工作	更换扇叶,留存故障件
		电机/控制器温度传感器故障,风扇不工作	查找电机/控制器故障,依据相应维修手册处理
	散热器	芯体老化,芯管堵塞	更换散热器
		散热带倒伏,影响进风量	更换散热器
		水室堵塞,影响冷却液循环	更换散热器
	前保险杠中网或下格栅	进风口堵塞	查找进风口故障,依据相应维修手册处

4. 电机控制器

它是驱动电机系统的控制中心,又称智能功率模块,以 IGBT(绝缘栅双极型晶体管)模块为核心,辅以驱动集成电路、主控集成电路,对所有的输入信号进行处理,并将驱动电机控制系统运行状态的信息通过 CAN 网络发送给整车控制器。电机控制器内含故障诊断电路,当诊断出异常时,它将会激活一个错误代码发送给整车控制器(VCU),同时也会把该故障码和数据存储。电机控制器使用以下传感器来提供驱动电机系统的工作信息,主要包括:

(1)电流传感器:用以检测电机工作的实际电流(包括母线电流、三相交流电流)。

(2)电压传感器:用以检测供给电机控制器工作的实际电压(包括动力电池电压、12V 低压蓄电池电压)。

(3)温度传感器:用以检测电机控制系统的工作温度(包括 IGBT 模块温度、电机控制器板载温度)。

C33DB 电机控制器实际是一个三相两电平电压源型逆变器,图 8-4 所示是 C33DB 电机控制器、IGBT 模块和电流传感器外观图。

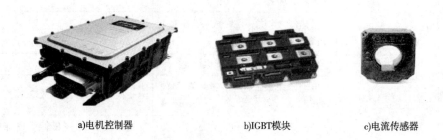

a)电机控制器　　　　b)IGBT模块　　　　c)电流传感器

图 8-4　电机控制器、IGBT 模块和电流传感器外观图

图 8-5 所示是 C33DB 电机控制器的内部结构图。

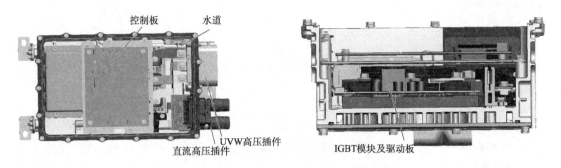

图 8-5 电机控制器的内部结构图

图 8-6 所示是 C33DB 电机控制器零件图,电机控制器的主要功能有:

(1)控制电机正向驱动、反向驱动、正转发电、反转发电。

(2)控制电机的动力输出,同时对电机进行保护。

(3)通过 CAN 与其他控制模块通信,接收并发送相关的信号,间接地控制车上相关系统正常运行。

(4)制动能量回馈控制。

(5)自身内部故障的检测和处理。

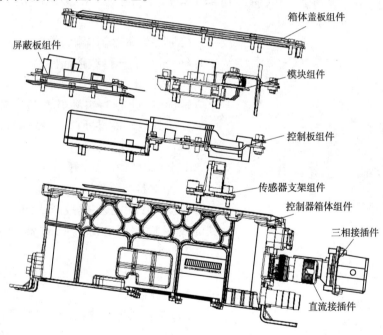

图 8-6 电机控制器零件图

5. 更换驱动电机控制器

1)拆卸前

(1)整车 OFF 挡。

(2)拔掉紧急维修开关,等待 5min 以上。

(3)断开起动电池。

(4)拆掉配电盒。

2)拆卸

(1)拆掉电机三相线接插件的4个螺栓。

(2)拔掉高压母线接插件。

(3)拆掉附在箱体的配电盒上端螺栓。

(4)拆掉底座4个紧固螺栓。

(5)将控制器往左移,拔掉低压接插件,拆掉搭铁螺栓,拔掉DC低压输出线,拔掉4个低压线束卡扣。

(6)将控制器往右移,拆掉进水管,拆掉出水管。(注:拆掉进水管时将流出的冷却液用容器接住)

3)安装

(1)将控制器放进安装位置。

(2)将控制器往右边移动,安装进水管、出水管。

(3)安装4个底座螺栓(先对准左上方螺栓,将螺栓放进去,拧进1/3,再对准右下方螺栓,将螺栓拧进1/3,之后放进其他螺栓,将所有螺栓拧紧,拧紧力矩为22N·m)。

(4)卡上DC12V输出线卡扣,插上DC12V接插件;卡上ACM线束卡扣;安装搭铁螺栓(拧紧力矩为22N·m);插接插件。

(5)安装贴在箱体侧面的配电盒螺栓。

(6)插上高压母线接插件。

(7)安装电机三相线接插件(先装最靠近车头下方螺栓,拧进1/3;再装其对角螺栓,拧进1/3;之后安装其他螺栓;将所有螺栓拧紧,拧紧力矩为9N·m)。

6. 电机控制器的检测

1)控制器电源与搭铁的诊断

根据DTC提示完成故障检测,包括电源和搭铁的线路检测。电源与搭铁诊断参考电路如图8-7所示。

(1)拔下电机控制器B32(外围24PIN棕色接插件)连接器。

(2)测量线束端连接器各端子间电阻或电压。

(3)连接器端子与正常值见表8-3及图8-8所示。

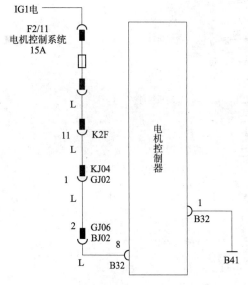

图8-7 电机控制器电源与搭铁参考电路

连接器 B32 端子及标准　　　　　　　　　表8-3

端　子	线　色	条　件	标　准　值
B32-8—车身搭铁	L	电源打到ON挡	11~14V
B32-1—车身搭铁	B	电源打到ON挡	<1Ω

2）电机控制器与电机低压端子线束电阻检查

（1）用诊断仪检查电机控制器和电机。

（2）对照下面的结果测量（图8-9、表8-4），如果不符合规格则更换相应的组件。主电机控制器检测数据：测量电机控制器高压正负极输入端与控制器向动力电机输出端的电压值。

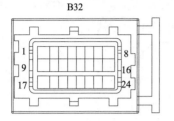 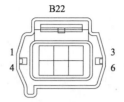 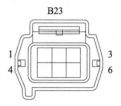

图8-8　电机控制器连接器B32端子　　　　图8-9　电机控制器连接器B22、B23端子

连接器B22、B23、B33端子及标准值　　　表8-4

端子	线色	标准值
B33-7—B23-1	O	<1Ω
B33-15—B23-4	Lg	<1Ω
B33-4—B22-1	Y/L	<1Ω
B33-5—B22-2	Y/O	<1Ω
B33-7—B22-3	Y/G	<1Ω

3）旋转变压器的诊断

（1）使用诊断仪诊断会产生DTC：P1B01-00——旋转变压器故障。

（2）检查低压接插件。退电OFF挡，拔掉电机控制器低压接插件B33。

测量B33-4和B33-12是否为8~10Ω；测量B33-5和B33-13电阻是否为14~18Ω；测量B33-7和B33-14电阻是否为14~18Ω。如果所测电阻正常，则检查B22接插件是否松动，如果没有，则为动力总成故障。

（3）更换驱动电机控制器与DC总成。

电机控制器连接器B33端子如图8-10所示，其主要端子定义及正常值见表8-5。

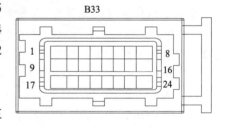

图8-10　电机控制器连接器B33端子规格

电机控制器连接器B33端子与正常值　　　表8-5

端子号	颜色	端子描述	条件	正常值
3	绿	旋转变压器屏蔽	始终	<1Ω
4	黄	励磁+	线束端（断线插件）	与励磁-（8.1±2）Ω
5	蓝	正旋+	线束端（断线插件）	与正旋-（14±4）Ω
6	橙	余弦+	线束端（断线插件）	与余弦-（14±4）Ω

续上表

端子号	颜色	端子描述	条件	正常值
7	粉	电机过温	线束端(断线插件)	与15号脚有电阻值(<100Ω)
8	灰	运行模式切换信号输入	ON挡	<1V 或 11~14V
11	紫	CAN屏蔽地	始终	<1V
12	绿黑	励磁-	线束端(断线插件)	与励磁+(8.1±2)Ω
13	黄黑	正旋-	线束端(断线插件)	与正旋+(14±4)Ω
14	蓝黑	余弦-	线束端(断线插件)	与余弦+(14±4)Ω
15	绿黄	电机过温地	线束端(断线插件)	与7脚有电阻值(<100Ω)
17	黄红	运行模式切换信号输出	ON挡	<1V 或 11~14V
19	棕	CAN信号高	始终	2.5~3.5V
20	白	CAN信号低	始终	1.5~2.5V
21	白黑	驻车制动信号	驻车	<1V
22	白红	行车制动信号	踩制动踏板	11~14V

三、初步诊断分析

从上述驱动电机系统的结构组成、工作原理可知,电动汽车无法起动的原因无外乎两大类:一是车辆电气组件都没有工作,也就是整个电气系统都无法工作,即全车没电。二是车辆电气组件工作正常,但是车辆无法起动行驶。

起动不了的直接原因是电机控制器内的直流接触器不吸合,导致动力电池电源无法接入驱动电机控制器高压模块,因此无法控制电动机的运行,车辆无法起动,即"驱动电机不上电"。电动汽车高压上下电控制主要是根据驾驶人对行车钥匙开关的控制,进行动力电池的高压接触器开关控制,以完成高压设备的电源通断和预充电控制。上下电流程处理的作用是:协调各相关部件的上电与下电流程,包括电机控制器、电池管理系统等部件的供电,预充电继电器、主继电器的吸合和断开时间等。

驱动电机系统上电流程,如图8-11所示。

驱动电机系统下电流程,如图8-12所示。

由上述电动汽车上下电控制流程可知:分析起动问题应主要从分析电动汽车动力回路电控系统原理图入手。

四、诊断分析

图8-13为ED150动力回路电控系统原理。动力电池接入驱动电机控制器高压模块,三相异步电动机的3个接线柱也接入驱动电机控制器的高压模块,同时反馈转速信号,驱动电机控制器通过获得输入信号控制三相异步电动机的运行。驱动电机控制器是连接动力电池与三相异步电动机的枢纽,同时也是控制中枢。

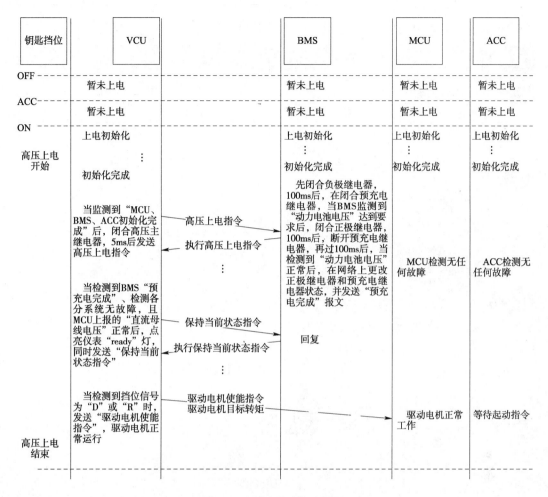

图 8-11 驱动电机系统上电流程

低压电气系统结构原理如图 8-14 所示。动力电池的电源通过 DC/DC 转换器变换为 12V，给低压电气设备供电。

第一类起动不了表现为整车电气设备不能工作，即整车都没有电源。因为 ED150 电动汽车没有设计小蓄电池，低压用电设备的电源都是由电源转换器从高压转换为 12V 的直流电供电。出现第一类起动不了的问题一般是由于电源转换器没有正常工作输出 12V 电压，导致整个汽车的电气设备都没有得到电力供应，负极控制模块无法得到主接触器吸合所需的输入信号，因此无法起动。更换 DC/DC 转换器就可以排除故障，显然本案例故障不属于此类。而当前电动汽车主流车型都配置了低压蓄电池，如果蓄电池正、负极安装不牢固，也会出现上述问题。

第二类起动不了是车辆电气设备都工作正常，但是无法开动车辆。这种情况一般是负极控制模块的电路出现故障所致。动力电池负极与电动机控制器之间有个负极控制模块，图 8-15 所示为负极控制电路模块原理。负极控制模块是为了起动开关控制车辆运行所设，核心为主接触器，外围控制信号的输入主要目的就是为了主接触器的吸合。

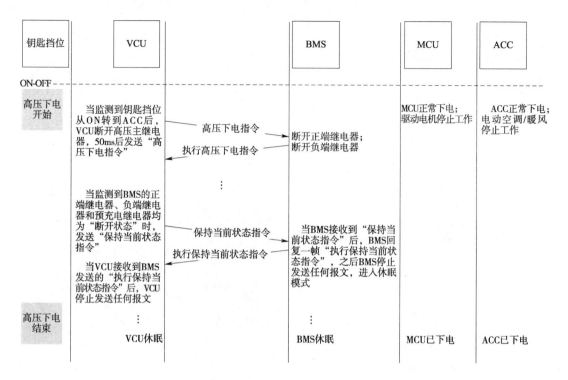

图 8-12 驱动电机系统下电流程

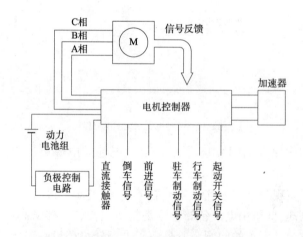

图 8-13 ED150 电动汽车动力回路电控系统原理

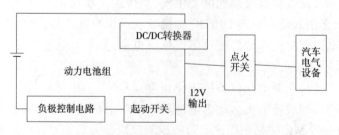

图 8-14 ED150 电动汽车低压电气系统结构原理

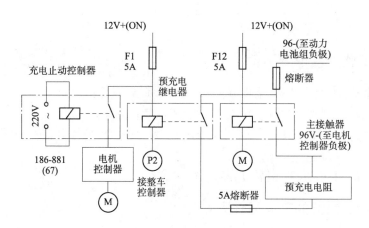

图 8-15　ED150 电动汽车负极控制电路模块原理图

正常的工作过程是:将点火开关打到 ON 挡后,按住绿色的起动按钮 3~4s,预充电继电器一端通过 1 号熔断丝得到 12V 电源,并且电源主接触器控制线圈一端通过 12 号熔断丝得到 12V 电源,过 0.2s 后整车控制器检查到 12V 信号,然后将向预充电继电器控制线圈输出低电平(10s 后断开),这时预充电继电器吸合,动力电池通过预充电电阻向电动机控制器高压模块完成充电过程。完成后,电动机控制器向主接触器控制线圈发出低电平,这时主接触器吸合完成"滴答"一声的吸合动作,车辆便可正常起动。

主接触器的控制端有两个:一端是从点火开关通过熔断丝得到 12V 电源(ON 挡);另一端是从电动机控制器输出的低电平。这类起动不了的原因多半是低电平端没有输出低电平,其主要原因有两个:一是点火信号没有输入到电动机控制器;二是预充电电阻没有连接上,导致没有满足电动机控制器输出条件。此类起动故障多为线束接触问题、熔断丝烧断、预充电电阻未接入回路等原因造成的。

在传统汽车上所有负极与车身搭铁就可以了,为了提高电动汽车安全性、可靠性,电动汽车负极控制电路是重要的控制系统,其结构和设计都比传统的汽油机、柴油机汽车复杂得多,因此,在电动汽车整车维护与故障诊断中都需要重点关注。

五、故障排查验证

根据上述分析,重点排查负极控制电路中的线束插接器、熔断丝和预充电电阻的工作情况等。当检查到 F12 号 5A 熔断丝时发现,该熔断丝断开,导致电源主接触器控制线圈无法得到 12V 电源,整车控制器也检测不到 12V 信号,因此驱动电机不上电,车辆也就无法行驶。更换 12 号 5A 的熔断丝,故障排除。

六、故障再现

使用电动汽车整车排故实训系统,设置负极控制电路中的线束、熔断丝、继电器等故障,各车型都会导致不能"上电"、车辆无法行驶的故障发生。由于发生在负极低压部分,因此各种检修和故障诊断都是安全的,在实际教学中注意拔出电动汽车的"维修插头"。

任务实施

一、准备工作

(1) 防护装备:防护三件套、室内五件套、遮拦、维修警示牌。
(2) 车辆、台架、总成:举升机、新能源汽车(E7 或秦)一辆。
(3) 工具、设备:常用工具一套、常用工具车一辆、手电筒、绝缘电阻表、万用表、小一字螺丝刀、诊断仪、转换接线盒。
(4) 辅助耗材:毛巾、劳保用品、熔断丝、电工胶布。

二、故障诊断需要的工量具

故障诊断需要使用的工量具见表 8-6。

表 8-6 故障诊断需要使用的工量具

名称	图片	名称	图片
手电筒		转换接线盒	
绝缘电阻表		一字螺丝刀	
数字万用表		诊断仪	

三、操作步骤

(1) 关闭起动开关,将诊断仪连接到车辆(台架)诊断头上,打开起动开关。
(2) 读取故障码,删除原始故障码。
(3) 读取数据流,并对数据流进行分析。
(4) 查阅电机控制系统的电路图并进行分析,找出可能引发驱动电机不工作的原因。
(5) 结合电路控制逻辑,打开起动开关后,使用万用表检查到达预充接触器和主接触器的电源一侧,电源端电压是否正常。
(6) 若无电压,或电压异常,使用万用表直流电压挡检查熔断丝 F1 前端是否有电压。
(7) 使用万用表直流电压挡检查熔断丝 F1 后端是否有电压。
(8) 使用万用表直流电压挡检查熔断丝 F12 前端是否有电压。
(9) 使用万用表直流电压挡检查熔断丝 F12 后端是否有电压。

（10）使用万用表检查预充接触器控制电路线圈阻值，是否在规定范围内。

（11）使用万用表检查主接触器控制电路线圈阻值，是否在规定的范围之内。

（12）使用万用表检查预充接触器和主接触器的控制电路搭铁情况，是否良好。

（13）检查异常处或为故障点。

（14）更换或维修后，进行故障确认，确定是否消除故障。

四、技能考核标准

技能考核标准见表8-7。

技 能 考 核 标 准   表8-7

序号	项目	操作内容	配分	评分标准	得分
1	连接诊断仪	将诊断仪连接到实车或总成上	8分	（1）关闭起动开关2分； （2）找到诊断头2分； （3）连接上诊断头2分； （4）打开起动开关2分	
2	读取故障码	进入诊断仪诊断系统，读取故障码	6分	（1）读取故障码2分； （2）分析故障码2分； （3）清除故障码2分	
3	读取数据流	进入数据流读取页面，读取数据流	6分	（1）读取数据流2分； （2）分析异常数据流4分	
4	查询车辆不能起动的电路图	对照整车控制电路图，分析引起不能起动的原因	8分	（1）画出电路图4分； （2）分析可能引发故障的原因2分； （3）说出可能的故障点2分	
5	检查预充接触器控制端有无电压	对照控制电路，检查预充接触器控制电路电源端供电情况	8分	（1）万用表挡位正确2分； （2）找到端子2分； （3）测量供电电压2分； （4）分析是否正常2分	
6	检查F1供电情况	检查F1供电情况是否正常	8分	（1）万用表挡位正确2分； （2）找到F1熔断丝2分； （3）测量供电电压2分； （4）分析是否正常2分	
7	预充接触器检查	检查预充接触器的线圈阻值	8分	（1）万用表挡位正确2分； （2）找到预充接触器2分； （3）测量线圈阻值2分； （4）分析是否正常2分	
8	预充接触器搭铁检查	检查预充接触器搭铁是否良好	8分	（1）万用表挡位正确2分； （2）找到搭铁线路2分； （3）测阻值2分； （4）分析是否正常2分	
9	检查主接触器控制端有无电压	对照控制电路，检查预充接触器控制电路电源端供电情况	8分	（1）万用表挡位正确2分； （2）找到端子2分； （3）测量供电电压2分； （4）分析是否正常2分	

续上表

序号	项　目	操作内容	配分	评　分　标　准	得分
10	检查F12供电情况	检查F12供电情况是否正常	8分	(1)万用表挡位正确2分； (2)找到F12熔断丝2分； (3)测量供电电压2分； (4)分析是否正常2分	
11	主接触器检查	检查主接触器的线圈阻值	8分	(1)万用表挡位正确2分； (2)找到预充接触器2分； (3)测量线圈阻值2分； (4)分析是否正常2分	
12	主接触器搭铁检查	检查主接触器搭铁是否良好	8分	(1)万用表挡位正确2分； (2)找到搭铁线路2分； (3)测阻值2分； (4)分析是否正常2分	
13	故障点确认	确认故障点	2分	确认2分	
14	车辆、场地、工具5S	5S管理	6分	(1)车辆5S 2分； (2)场地5S 2分； (3)工具5S 2分	
	总分		100分		

思考与练习

(一)填空题

1.驱动电机系统由_____和_____两部分构成。

2.驱动电机上的三相线颜色分别是_____、_____和红色。

(二)单项选择题

1.绝缘栅双极型晶体管的英文缩写是(　　)。

　A. IGBT　　　　B. BJT　　　　C. GTR　　　　D. MOSFET

2.电动汽车出现第二类起动故障时,一般是(　　)出现故障所致。

　A. 动力电池组　　　　　　　　B. 低压蓄电池

　C. 负极控制模块　　　　　　　D. DC/DC转换器

(三)多项选择题

1.驱动电机依靠内置传感器来提供电机的工作信息,这些传感器包括(　　)。

　A. 温度传感器　　　　　　　　B. 速度传感器

　C. 位置和转速传感器　　　　　D. 旋转变压器

2.下列关于第一类起动故障描述正确的有(　　)。

　A. 车辆电气设备不工作　　　　B. 车辆电气设备工作正常

　C. 检查更换DC/DC转换器　　　D. 检查更换负极控制模块

(四)判断题

1.驱动电机系统是电动汽车三大核心部件之一,也是车辆行驶的主要控制机构。(　　)

2.分析电动汽车起动问题应主要从分析电动汽车动力回路电控系统原理图入手。(　　)

(五) 简答题
1. 试述电动汽车无法起动的故障原因有哪些类型？
2. 电机控制器通常需要哪些传感器来提供驱动电机系统的工作信息？

任务9 电池及能量管理系统故障诊断

学习目标

◆ 知识目标

完成本任务学习后,你应能:
1. 描述锂离子电池的结构组成;
2. 讲解锂离子电池的工作原理和不能过充/放电的原因;
3. 讲解电池单体、电池模块、电池模组之间的关系;
4. 描述动力电池组的参数含义;
5. 讲解动力电池不充电或跳变的原因。

◆ 能力目标

完成本任务学习后,你应能:
1. 使用解码仪,读取电池组的数据流,并对参数进行分析;
2. 结合电路图,利用诊断工具,在实车上或实训台上完成对电动汽车电池电压的测量及更换电池模组。

任务描述

一车主打来急救电话,说他的E150EV电动汽车正常行驶途中,仪表板中突然发出几声报警提示音,几秒以后仪表板显示红色字体"动力蓄电池故障",导航面板显示"中度故障请立即安全停车,与车辆授权服务商联系",同时电动汽车失去动力,加速踏板踩到底也没有任何反应,即车辆无法行驶,抛锚在公路上,请求急救。如果你是维修技术人员,遇到这种情况,将如何给车主解释,又如何解决这个问题。

理论知识准备

一、车型故障资料

一辆北汽新能源E150EV电动汽车,在正常行驶情况下,仪表板突然发出警报提示音,几秒以后仪表板显示红色字体"动力蓄电池故障",导航面板显示"中度故障请立即安全停车,与车辆授权服务商联系",同时电动汽车失去动力,加速踏板踩到底也没有任何反应,即车辆无法行驶了。

二、锂离子电池的基本知识

1. 锂离子电池的组成

锂离子电池包括电极、电解液、隔离物和外壳，其基本组成如图9-1所示。

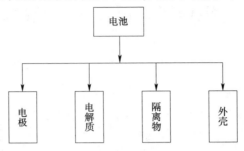

图9-1　锂离子电池的组成

2. 锂离子电池的工作原理

锂离子电池的工作原理就是指其充放电原理：当对电池进行充电时，电池的正极上有锂离子脱出，脱出的锂离子经过电解液运动到负极。而作为负极的碳呈层状结构，它有很多微孔，到达负极的锂离子就嵌入到碳层的微孔中，嵌入的锂离子越多，充电容量越高，放电则正好相反，如图9-2所示。

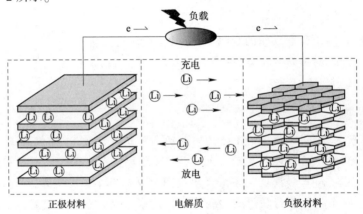

图9-2　锂离子电池工作原理

从图9-2中不难看出，在锂离子电池的充放电过程中，锂离子处于从正极→负极→正极的运动状态。如果把锂离子电池形象地比喻为一把摇椅，摇椅的两端为电池的两极，而锂离子就像优秀的运动健将，在摇椅的两端来回奔跑。所以，专家们又给了锂离子电池一个可爱的名字摇椅式电池。

3. 锂离子电池不能过充/放电的原因

这是由于放电时，锂离子不能完全移向正极，必须保留一部分锂离子在负极，以保证下次充电时的锂离子畅通嵌入通道，否则，电池寿命就相当短。为了保证碳层中放电后留有部分锂离子，也就是锂离子电池不能过放电，这就要严格限制放电终止最低电压；同时，根据锂离子工作原理最高充电终止应为4.2V，不能过充，否则会因正极L材料中的Li离子拿走太多时，造成晶型坍塌，而使电池表现出寿命终结状态。由此可见，锂离子充/放电控制精度要求相当高,既不能过充,也不能过放,否则都将影响电池寿命,这是由锂离子电池工作机理所决定的。

动力电池系统主要由动力电池模组、电池管理系统、动力电池箱及辅助元器件等四部分组成。图9-3所示是动力电池系统结构图。

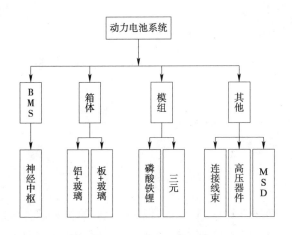

图9-3　动力电池的系统结构图

图9-4所示是动力电池外观和各组成部分名称。

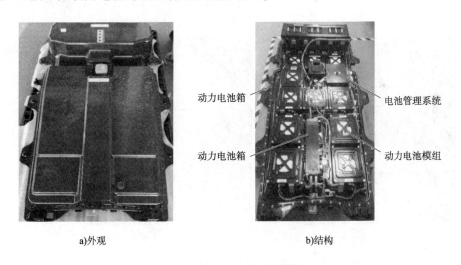

图9-4　动力电池外观和内部结构图

4. 动力电池组各部分名称及功能

(1) 电池单体:构成动力电池模块的最小单元,如图9-5所示。一般由正极、负极、电解质及外壳等构成。是实现电能与化学能之间的直接转换的最小单元。

(2) 电池模块:一组并联的电池单体的组合,如图9-6所示,该组合额定电压与电池单体的额定电压相等,是电池单体在物理结构和电路上连接起来的最小分组,可作为一个单元整体地进行替换。

(3) 模组:由多个电池模块或单体电芯串联组成的一个组合体,如图9-7所示。

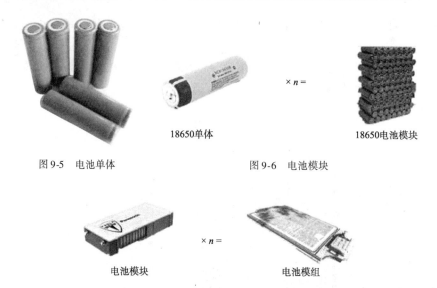

图9-5 电池单体　　图9-6 电池模块

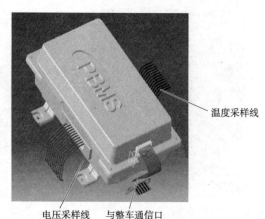

图9-7 电池模组

(4) BMS(电池管理系统)的作用:电池保护和管理的核心部件,在动力电池系统中,它的作用就相当于人的大脑。它不仅要保证电池的使用安全可靠,而且要充分发挥电池的能力和延长使用寿命,作为电池和整车控制器以及驾驶人沟通的桥梁,通过控制接触器控制动力电池组的充放电,并向 VCU(整车管理系统)上报动力电池系统的基本参数及故障信息,其外形如图9-8所示。

图9-8 BMS外形及线束

(5) BMS 具备的功能:通过电压、电流及温度检测等功能实现对动力电池系统的过电压、欠电压、过电流、过高温和过低温保护、继电器控制、SOC 估算、充放电管理、均衡控制、故障报警及处理、与其他控制器通信等功能;此外电池管理系统还具有高压回路绝缘检测功能,以及为动力电池系统加热功能。

(6) BMS 的组成:按性质可分为硬件和软件,按功能分为数据采集单元和控制单元。

(7) BMS 的硬件:主板、从板及高压盒,还包括采集电压线、电流、温度等数据的电子器件。

(8) BMS 软件:监测电池的电压、电流、SOC 值(即剩余电量百分比值)、绝缘电阻值、温度值,通过与 VCU、充电机的通信,来控制动力电池系统的充放电。

(9)辅助元器件:主要包括动力电池系统内部的电子电器元件,如熔断器、继电器、分流器、接插件、紧急开关、烟雾传感器等(图9-9),维修插头以及电子电器元件以外的辅助元器件,如密封条、绝缘材料等。

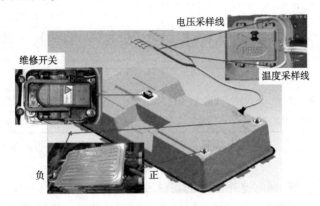

图9-9 动力电池辅助元器件

5. 动力电池系统参数说明

动力电池系统的额定电压 = 单体电芯额定电压 × 单体电芯串联数

动力电池系统的容量 = 单体电芯容量 × 单体电芯并联数量

动力电池系统总能量 = 动力电池系统的额定电压 × 动力电池系统的容量

动力电池系统质量比能量 = 动力电池系统总能量 ÷ 动力电池系统质量

6. 电池管理系统(BMS)的工作原理

动力电池模组放置在一个密封并且屏蔽的动力电池箱里面,动力电池系统使用可靠的高压接插件与高压控制盒相连,然后输出的直流电由电机控制器转变为三相交流高压电,驱动电机工作;系统内的 BMS 实时采集各电芯的电压、各温度传感器的温度值、电池系统的总电压值和总电流值等数据,时时监控动力电池的工作状态,并通过 CAN 线与 VCU 或充电机之间进行通信,对动力电池系统进行充放电等进行综合管理。当前主要车型的 BMS 系统都具有过充保护功能。

7. BMS(电池管理系统)故障分级与处理模式

三级故障:表明动力电池性能下降,电池管理系统降低最大允许充/放电电流。

二级故障:表明动力电池在此状态下功能已经丧失,请求其他控制器停止充电或者放电,其他控制器应在一定的延时时间内响应动力电池停止充电或放电的请求。

一级故障:表明动力电池在此状态下功能已经丧失,请求其他控制器立即(1s 内)停止充电或放电。如果其他控制器在指定时间内未作出响应,电池管理系统将在 2s 后主动停止充电或放电(即断开高压继电器),各类故障及相应处理见表9-1。

故障类型及相应处理　　　　　　　　表9-1

故障状态	电池管理器系统故障诊断状况
模块温度大于65℃	1级故障:一般高温警告
模块(单体)电压大于3.85V	1级故障:一般高压警告

续上表

故障状态	电池管理器系统故障诊断状况
模块(单体)电压低于2.6V	1级故障:一般低压警告
放电电流大于300A	1级故障:充电过电流警告
放电电流大于450V	1级故障:放电过电流警告
绝缘电阻小于设定值	1级故障:一般漏电警告
模块温度大于70℃	2级故障:严重高温警告
模块(单体)电压大于4.1V	2级故障:严重高压警告
模块(单体)电压小于2.0V	2级故障:严重低压警告
绝缘电阻小于设定值	2级故障:严重漏电警告

其他控制器响应动力电池二级故障的延时时间一般小于60s,否则会引发动力电池上报一级故障。

无论动力电池自身还是电池外电路的高压回路上存在绝缘故障,BMS(电池管理系统)都会上报,并直接导致高压断开,在排查时要先断开动力电池与其他部件的连接,然后用绝缘电阻表一次测量各部件的绝缘值。建议优先排查方向:高压盒、电机控制器、空调压缩机、PTC。

三、故障成因原理分析

诊断思路

(1)通过故障诊断仪读取电池组数据,并配合接线板进行实测,通过最终数据进行判断是动力电池故障,还是电源管理控制器或其他组件故障。

(2)单节电池电压值异常,单节电压过高会导致无法充电,过低会导致断电保护。充电过程中,单节最高电压应低于3.8V,行车过程中,单节电压低于2.2V会断电保护,低于2.4V系统报警。

(3)单节电池温度异常,温度过高会导致无法充电(高于65℃充电保护)。

(4)电池包损坏、漏液、漏电检测。

北汽E150EV动力电池系统主要由动力电池模组、电池管理系统(BMS)、动力电池箱及辅助元器件等四部分组成。其中,电池单体是构成动力电池模块的最小单元。由正极、负极、电解质及外壳等构成。电池模块是一组并联的电池单体的组合,该组合额定电压与电池单体的额定电压相等,是电池单体在物理结构和电路上连接起来的最小分组,可作为一个单元替换;模组是由多个电池模块或单体电芯串联组成的一个组合体。如果某个电池单体损坏,就会引起BMS报警。

北汽E150EV轿车采用锂离子动力电池系统,它主要依靠锂离子在正极和负极之间移动来工作。充电时,锂离子从正极脱嵌,经过电解质嵌入负极,负极处于富锂状态;放电时,则相反。锂离子电池根据正极材料的不同,可以分为钴酸锂电池、锰酸锂电池、磷酸铁锂电池和三元电池。北汽E150EV车型大部分采用的是磷酸铁锂电池。磷酸铁锂电池具有很高的安全性及良好的循环寿命,其高温性能较好,但低温充、放电性能较差。在低温时,充电对电池寿命有极大的影响。在低温情况下,其放电容量及放电功率也有所下降,因此,冬季低温时,整车会出现续驶里程低及动力性能下降的现象。

在电动汽车中,电池管理系统 BMS 是电池系统的核心部件,BMS 通过电压、电流及温度检测等功能实现对动力电池系统的过电压、欠电压、过电流、过高温和过低温保护,包括继电器控制、充放电管理、均衡控制、故障报警及处理、与其他控制器通信等功能。此外,BMS 电池管理系统还具有高压电路绝缘检测功能,以及为动力电池系统加热的功能。

动力电池模组放置在一个密封且屏蔽的动力电池箱中,动力电池系统使用可靠的高低压接插件与整车进行连接。系统内的 BMS 实时采集各电芯的电压值、各温度传感器的温度值、电池系统的总电压值和总电流值,电池系统的绝缘电阻值等数据,并根据 BMS 中设定的数值判定电池系统工作是否正常,并对故障实时监控。动力电池系统也通过 BMS 也使之与充电机之间进行通信,并对动力电池系统进行充放电等综合管理。如果某个电池单体损坏,就会引起 BMS 报警。

四、排除故障

通过上述分析,以及汽车用户对故障发生时的情况描述,该故障属于二级故障,表明动力电池在此状态下已经丧失功能,请求其他控制器停止放电,其他控制器应在一定的延时时间内响应动力电池停止放电的请求,因此车辆无法行驶。首先应当使用诊断仪对电池组及电池单体进行检测排查。再对 E150EV 故障汽车进行充电直至充满(有一部分二级故障不影响对动力电池充电),然后用专用故障诊断仪读取电池内部数据,可获得最高和最低单体电压及其序列号,并测得动力电池组内有一个单体电池的最低电压仅为 0.433V,说明该单体电池已经损坏。更换该单体电池,重新充满电,故障排除。图 9-10 是及诊断仪器显示的动力电池组各单体电池正常工作数据情况。

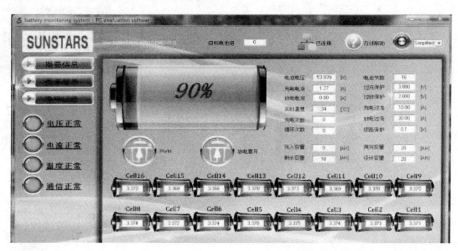

图 9-10 电池工作数据

五、故障确认

根据读取的数据流,更换最低电压仅为 0.433V 的电池模块后,对其重新充电,充满电后试车,车辆动力系统正常,说明是单体动力电池损坏引发的故障。

六、故障再现

使用动力电池实训台或电动汽车整车排故实训系统,可以设置动力电池单体过电压、欠电压、过电流、过高温和过低温故障,也可以设置继电器控制、SOC显示、充放电、故障报警以及与其他控制器通信等故障,实习指导教师可按照电动汽车故障诊断流程进行排故演示并指导学生完成实习实训作业、填制诊断报告。由于动力电池系统属于高压部件(320V),在实习实训过程中要严格按照操作规程,做好安全防护。

任务实施

一、准备工作

(1)防护装备:防护三件套、室内五件套、遮拦、维修警示牌。
(2)车辆、台架、总成:举升机、新能源汽车(E6或秦)一辆。
(3)工具、设备:常用工具一套、常用工具车一辆、手电筒、绝缘电阻表、万用表、小一字螺丝刀、诊断仪、转换接线盒。
(4)辅助耗材:毛巾、劳保用品、熔断丝、电工胶布。

二、电池及管理系统故障诊断需要的工量具

故障诊断需要使用的工量具见表9-2。

表9-2 故障诊断需要使用的工量具

名称	图片	名称	图片
手电筒	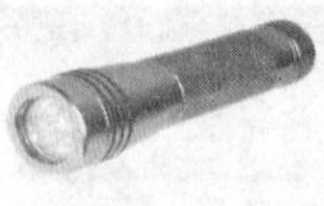	转换接线盒	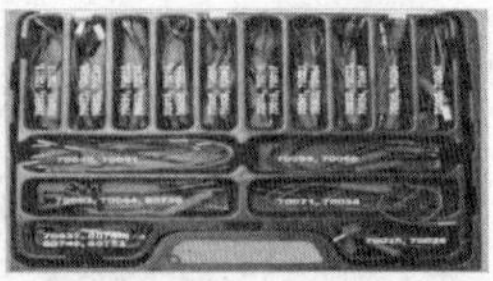
绝缘电阻表		数字万用表	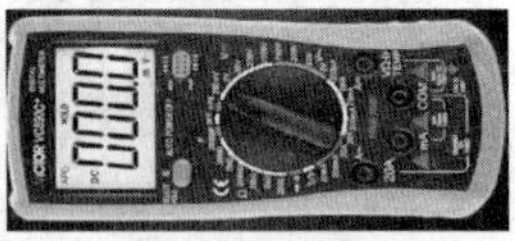
一字螺丝刀		诊断仪	

三、操作步骤

(1)关闭起动开关,将诊断仪连接到车辆(台架)诊断头上(驾驶人右前下方),如图9-11所示,打开起动开关。

(2)打开解码仪主界面,选择高压电池管理器,如图9-12所示。

图9-11 诊断头的连接位置

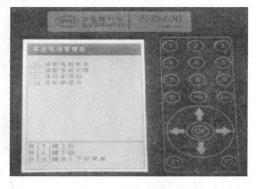

图9-12 高压电池管理器界面

(3)进入高压电池管理器后,选择1读取电脑版本,获取电脑数据,如图9-13所示,读取完毕后退出读取电脑版本界面。

(4)读取系统故障码,如图9-14所示,读取完毕后退出读取故障码界面,清除故障码。

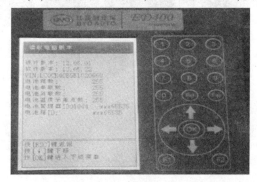

图9-13 读取电脑版本界面

图9-14 读取故障码界面

(5)按压向下箭头,选择高压电池管理器中读取数据流,查看单体电池、均衡累计时间数据,查看电池包电压采样数据,如图9-15所示,发现一个模组中某一单体电池电压为0.5V。

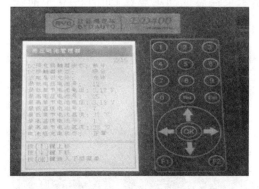

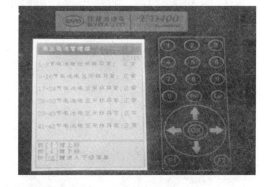

图9-15 电池模组数据读取

(6)退出至诊断仪主菜单,关闭仪器,拆卸诊断头,关闭起动开关。

(7)拉动行李舱盖拉手,如图9-16所示,打开行李舱,拆卸行李舱中行李舱照明灯插接器,取下电池盖板。

图9-16　行李舱拉手和行李舱照明灯

（8）用10号套筒扳手拆卸低压铁电池负极螺母，如图9-17中箭头所示，断开低压铁电池负极接线柱，等待约5min。

（9）向上抬起后排座椅，翻转后排座椅贴紧坐垫，拆卸连接线束，如图9-18中箭头所示。

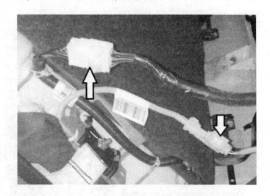

图9-17　拆卸低压铁电池负极　　　　　　　图9-18　拆卸后排座椅线束

（10）检查绝缘手套的绝缘性能，佩戴好绝缘手套后，拆卸维修开关，如图9-19中箭头所示。

（11）使用内六角扳手拆卸电池模组的信息采集器总成固定螺栓，如图9-20中箭头所示，取下信息采集器总成，断开线束连接。

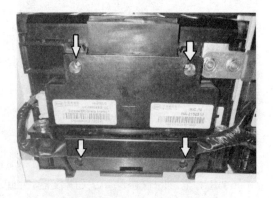

图9-19　维修开关的位置　　　　　　　图9-20　信息采集器固定螺栓及线束

（12）拆卸动力电池串联的连接条，如图9-21中箭头所示。

· 136 ·

图 9-21　电池模组连接条

(13) 拆卸电池模组的底部固定螺栓，如图 9-22 中箭头所示，拆下故障的电池模组，更换新的电池模组。

图 9-22　电池模组的固定螺栓

四、技能考核标准

技能考核标准见表 9-3。

技能考核标准　　　　　　　　　　　　　　　表 9-3

序号	项目	操作内容	配分	评分标准	得分
1	链接诊断仪	将诊断仪连接到实车或总成上	6 分	(1) 关闭起动开关 2 分； (2) 找到诊断接口，连接上诊断头 2 分； (3) 打开起动开关 2 分	
2	进入电池管理器主界面	进入电池管理器主界面	4 分	(1) 车型选对 2 分； (2) 进入到电池管理器主界面 2 分	
3	读取电脑版本	读取电脑版本	4 分	(1) 点击读取电脑版本 2 分； (2) 进入到电脑版本界面 2 分	
4	读取系统故障码	读取系统故障码	8 分	(1) 选择读取系统故障码 2 分； (2) 进入到故障码界面 2 分； (3) 查看故障码 2 分； (4) 清除故障码 2 分	

续上表

序号	项　目	操作内容	配分	评分标准	得分
5	读取数据流	读取数据流	8分	(1)按压向下箭头2分; (2)选择读取数据流2分; (3)查看数据流2分; (4)分析数据流2分	
6	关闭起动开关	关闭起动开关	8分	(1)脱出到主界面2分; (2)关闭解码仪2分; (3)拔下诊断头2分; (4)关闭起动开关2分	
7	拆卸电池背板	拆卸电池背板	8分	(1)找到行李舱开关2分; (2)拉动开关2分; (3)拆卸行李舱灯插接器2分; (4)拆卸电池背板2分	
8	拆卸低压铁电池负极	拆卸低压铁电池负极	8分	(1)工具选对2分; (2)旋转方向正确2分; (3)松开螺母2分; (4)拆卸负极2分	
9	拆后排座椅插接器	拆后排座椅插接器	8分	(1)向上提座椅2分; (2)打开座椅2分; (3)压下插接器锁止机构2分; (4)拔下插头2分	
10	拆卸维修开关	拆卸维修开关	8分	(1)电压等级选对2分; (2)绝缘性检查2分; (3)拉起锁止机构2分; (4)拔下维修开关2分	
11	拆卸信息采集器	拆卸信息采集器	10分	(1)工具选对2分; (2)旋转方向正确2分; (3)松开螺母2分; (4)拆卸信息采集器2分; (5)拆卸线束2分	
12	拆卸动力电池串联的连接条	拆卸动力电池串联的连接条	8分	(1)工具选对2分; (2)旋转方向正确2分; (3)松开螺母2分; (4)拆卸连接条2分	

续上表

序号	项　　目	操 作 内 容	配分	评 分 标 准	得分
13	拆卸电池模组的底部固定螺栓,更换电池模组	拆卸电池模组的底部固定螺栓	10分	(1)工具选对2分; (2)旋转方向正确2分; (3)松开螺母2分; (4)拆卸固定螺栓2分; (5)取下模组2分	
14	5S管理	5S管理	2分	5S管理2分	
	总分		100分		

思考与练习

（一）填空题

1. 构成动力电池模块的最小单元是_____。
2. 一个电池模块通常是由一组并联的_____组合而成。
3. 在电池及管理系统中,相当于人的大脑的是_____。
4. BMS通常要检测动力电池的_____,_____和_____等参数。

（二）单项选择题

1. 在锂离子电池的充放电过程中,锂离子处于从(　　)的运动状态。
　　A.正极→负极　　　　　　　B.负极→正极
　　C.负极→正极→负极　　　　D.正极→负极→正极
2. 动力电池组处于一级故障时,如果其控制器在指定时间内未作出响应,电池管理系统将在(　　)后主动停止充电或放电(即断开高压继电器)。
　　A.1s　　　　　　　　　　　B.2s
　　C.5s　　　　　　　　　　　D.10s

（三）多项选择题

下列属于动力电池系统的主要组成部分的有(　　)。
　　A.辅助传感器　　　　　　　B.电池管理系统
　　C.电池模组　　　　　　　　D.动力电池箱

（四）判断题

1. 锂离子电池仅仅包括电极、电解液、隔离物。　　　　　　　　　　　　(　　)
2. BMS的二级故障是指动力电池在此状态下功能已经丧失,请求其他控制器立即(1s内)停止充电或放电。　　　　　　　　　　　　　　　　　　　　　　　　(　　)
3. 动力电池的三级故障表现为动力电池性能下降,电池管理系统降低最大允许充/放电电流。　　　　　　　　　　　　　　　　　　　　　　　　　　　　　　(　　)

（五）简答题

1. 为什么锂离子电池不能过充放电?
2. 电池管理系统(BMS)的作用有哪些?

任务10　充电系统故障诊断

学习目标

❖ **知识目标**

完成本任务学习后,你应能:
1. 描述充电系统的结构组成;
2. 讲解电动汽车常用的充电方式;
3. 讲解交、直流充电口对应针脚的含义及DC/DC各端子含义;
4. 描述电动汽车不充电的原因。

❖ **能力目标**

完成本任务学习后,你应能:
1. 结合电路图,检测充电系统各电路的性能;
2. 结合电路图,利用诊断工具,在实车上或实训台上完成对电动汽车不能充电这一故障诊断及排除。

任务描述

一车主开着自己的北汽新能源EV160电动出租车到4S店咨询,描述其驾驶的EV160电动汽车,在中午最热的时候充电,开始时一切正常,可是在充电过程中发现久久不能充满,再查看中央仪表充电指示器,发现没在充电状态。重新连接充电线束接头,情况依旧,即仪表显示电池没有充满,但继续充电再也充不进去电。如果你是维修技术人员,遇到这样的故障,你将如何给车主解释,如何解决这一故障。

理论知识准备

一、车型故障资料

一辆北汽新能源EV160电动出租车,行驶4万km,在炎热季节生意比较好,空调系统也一直开着,因此电能消耗比较快,需要频繁充电。在中午最热的时候充电,开始一切正常,可是在充电过程中发现久久不能充满,再查看中央仪表充电指示器,发现没在充电状态。重新连接充电线束接头,情况依旧,即仪表显示电池没有充满,但继续充电再也充不进去电了,马上将车开到修理厂,连接充电插头也是这种情况。

二、电动汽车充电系统简介

电动汽车充电系统包括慢充和快充两部分,组成主要有车载充电机、高压配电盒、充电接口和线束。

1. 车载充电机

车载充电机(On-board Charger)相对于传统工业电源,具有效率高、体积小、耐受恶劣工作环境等特点。其功能是将220V交流电转换为动力电池所需的直流电,实现电池电量的补给。图10-1所示是北汽新能源EV160电动汽车车载充电机外形图。

1)车载充电机接口定义

(1)直流输出端接口定义。直流输出端针脚如图10-2所示,针脚定义见表10-1。

低压通信端 直流输出端 交流输入端

图10-1 EV160电动汽车车载充电机外形图　　　图10-2 直流输出端定义

直流输出端针脚定义　　　　　　　　　　　表10-1

针 脚	定 义	针 脚	定 义
A脚	电源负极	B脚	电源正极

(2)交流输入端接口定义。交流输入端针脚如图10-3所示,针脚定义见表10-2。

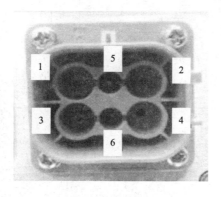

图10-3 交流输入端定义

交流输入端针脚定义　　　　　　　　　　　表10-2

针 脚	定 义	针 脚	定 义
1脚	L(交流电源)	4脚	空
2脚	N(交流电源)	5脚	CC(充电连接确认)
3脚	PE(车身搭铁)	6脚	CP(控制确认线)

(3)低压控制端接口定义。低压控制端针脚如图10-4所示,针脚定义见表10-3。

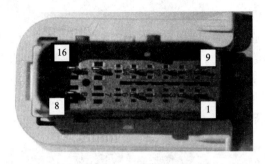

图10-4 低压控制端针脚定义

表10-3 低压控制端针脚定义

针 脚	定 义	针 脚	定 义
1脚	新能源CAN_L	11脚	CC信号输出
2脚	新能源CAN_GND	13脚	互锁输入(到空调压缩机低压插件)
5脚	互锁输出到高压盒低压插件	15脚	12V + OUT
8脚	GND	16脚	12V + IN
9脚	新能源CAN_H		

2)车载充电机电路连接图

车载充电器电路连接关系如图10-5所示。

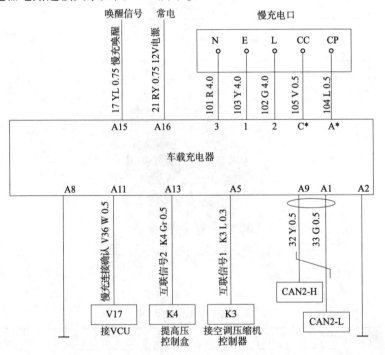

图10-5 车载充电器电路图

3)车载充电机的工作流程

车载充电机在工作过程中需要协调充电桩、BMS(电池管理系统)等部件来共同完成。表10-4是车载充电机参数表。

车载充电机参数　　　　　　　　　表10-4

项　目	参　数	项　目	参　数
输入电压	220V±15% AC	冷却方式	风冷
输出电压	240~410VDC	防护等级	IP66
效率	满载大于90%		

车载充电机工作流程：

(1) 交流供电。

(2) 低压唤醒整车控制系统。

(3) BMS检测充电需求。

(4) BMS给车载充电机发送工作指令并闭合继电器。

(5) 车载充电机开始工作，进行充电。

(6) 电池检测充电完成后，给车载充电机发送停止指令。

(7) 车载充电机停止工作。

(8) 电池断开继电器。

2．高压部件

充电系统高压部件主要是DC/DC转换器和高压控制盒，DC/DC转换器（DCDC converter）相当于传统汽车的发电机，其功能作用是将动力电池的高压直流电转换为整车低压12V直流电，给整车低压用电系统供电及给铅酸蓄电池充电，图10-6是DC/DC转换器外观图。

图10-6　DC/DC转换器

1）DC/DC转换器接口定义

DC/DC转换器端子如图10-7所示，端子定义见表10-5。

图10-7　车载充电器端子

DC/DC端子定义　　　　　　　　　表10-5

高压输入	低压控制
A脚：电源负极	A脚：控制电路电源正极兼使能（直流12V起动，0~1V关机）
B脚：电源正极	B脚：电源状态信号输出（故障线，故障：12V高电平，正：低电平）
中间为高压互锁短接端子	C脚：控制电路电源

DC/DC转换器具有效率高、体积小、耐受恶劣工作环境等特点。表10-6是DC/DC转换器参数表。

DC/DC 工作参数　　　　　表 10-6

项　目	参　数	项　目	参　数
输入电压	240～410V DC	冷却方式	风冷
输出电压	14V DC	防护等级	IP67
效率	满载大于 90%		

2) DC/DC 转换器工作流程

(1) 整车 ON 挡上电或充电唤醒上电。

(2) 动力电池完成高压系统预充电流程。

(3) VCU 发给 DC/DC 变换器使能信号。

(4) DC/DC 变换器开始工作。

3．充电接口

1) 慢充系统

慢充系统的作用是将充电电源来的 220V 的交流电通过充电枪输入到充电口, 然后经过车载充电机内部后, 转换成高压直流电, 进入到高压配电盒进行分配后, 给动力电池进行充电。慢充系统包括充电枪、充电口、车载充电机、高压配电盒、动力电池和整车控制器等。

慢充系统结构框如图 10-8 所示。

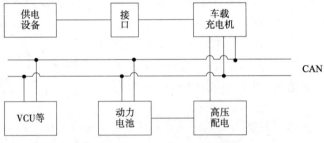

图 10-8　慢充系统的结构框图

2) 快充系统

快充系统是通过外围的供电设备将电网电源转变为高于动力电池的高压直流电后, 通过快充口, 经过高压配电箱分配后, 直接对动力电池进行充电的系统。快充系统主要包括电源设备、充电接口、高压配电盒、动力电池、整车控制器等几部分, 快充系统结构框图如图 10-9 所示。

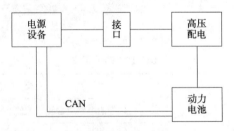

图 10-9　快充系统的结构框图

4．高压线束

1) 快充线束

快充线束是指连接快充接口到高压配电盒之间的线束。

快充接口接整车低压线束如图 10-10 所示,各端子定义见表 10-7。

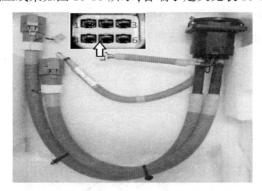

图 10-10　快充线束

快充接口低压线束端子定义　　　　　　　　　　　　　表 10-7

端子	定 义	端子	定 义
1 脚	A –（低压辅助电源负极）	4 脚	S +（充电通信 CAN_H）
2 脚	A +（低压辅助电源正极）	5 脚	S –（充电通信 CAN_L）
3 脚	CC2（充电连接器确认）		

快充接口端子如图 10-11 所示。快充接口端子定义见表 10-8。

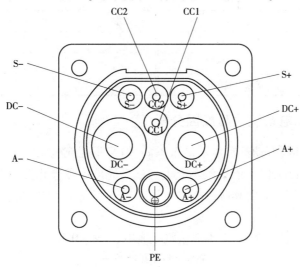

图 10-11　快充接口端子图

快充接口端子定义　　　　　　　　　　　　　表 10-8

端子	定 义	端子	定 义
DC –	直流电源负	CC1	充电连接确认
DC +	直流电源正	CC2	充电连接确认
PE	车身地（搭铁）	S +	充电通信 CAN_H
A –	低压辅助电源负极	S –	充电通信 CAN_L
A +	低压辅助电源正极		

2)慢充线束

慢充线束是指连接慢充接口到车载充电机之间的线束。

慢充接口端子如图 10-12 所示,慢充接口端子定义见表 10-9。

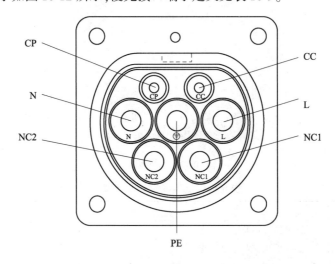

图 10-12　慢充接口端子图

慢充接口端子定义　　　　　　　　　　　　　　　　　　　　表 10-9

端　子	定　义	端　子	定　义
CP	控制确认线	L	交流电源正极
CC	充电连接确认	PE	车身地(搭铁)
N	交流电源负极		

三、电动汽车充电系统故障成因分析

除去电池老化原因,电动汽车显示电量不满,但又不能充电主要有两种情况:一种是物理连接完成,已启动充电,但不能给汽车充电。二是充电中途停止充电。根据上述情况,进一步分析以上情况发生的原因和解决办法。

1. 故障状态一

物理连接完成,已启动充电,但不能给汽车充电,见表 10-10。

充电系统常见故障一　　　　　　　　　　　　　　　　　　　表 10-10

可能的原因	解决方案
1. 动力电池已充满了	动力电池已充满时,充电会自动停止
2. 动力电池温度低于 -20℃ 或是高于 65℃	在充电前允许动力电池加热或冷却,将车辆置于温度适宜的环境内,待温度正常后再充电
3. 充电电源不正常	确认电源是否已过载保护;选择使用专用的充电电源;220V 50Hz,10A 标准单相两极带接地插座进行充电
4. 交流充电连接装置没有正确连接	确认交流充电设备的开关已弹起,注意七芯转七芯电缆的充电设备插头长短不同,连接位置不同

续上表

可能的原因	解决方案
5. 车辆或交流充电连接装置有故障	确定组合仪表上有动力系统故障灯点亮,或是有充电系统故障提示语,此时应停止充电,及时与电动汽车授权的服务站联系
6. 充电桩或车辆显示有故障	确定组合仪表上有动力系统故障灯点亮,或是有充电系统故障提示语,或是充电桩显示有故障,此时应停止充电,及时与电动汽车授权服务站联系

2. 故障状态二

充电中途停止充电,见表10-11。

充电中途停止充电的原因　　　　表10-11

可能的原因	解决方案
1. 电源断电	电源恢复后,充电会自动重新开始充电
2. 充电电缆没有连接完好	确认充电连接装置电缆没有虚接
3. 充电连接装置开关被按下	充电连接装置开关被按下则停止充电,需重新连接充电连接装置,启动充电
4. 动力电池温度过高	组合仪表显示动力电池温度过高报警指示灯点亮,充电会自动停止,待电池冷却后再充电
5. 车辆或充电桩发生故障	确认充电桩或车辆有故障提示,及时与电动汽车授权的服务站联系

四、进一步诊断分析

动力电池在低于 –20℃ 或是高于 65℃ 温度下,是补充不进电量的。这是由锂离子电池的特性所决定的:当对电池进行充电时,电池的正极上有锂离子脱出,脱出的锂离子经过电解液运动到负极。而作为负极的碳呈层状结构,它有很多细小的微孔,到达负极的锂离子就嵌入到碳层的微孔中,嵌入的锂离子越多,充电容量就越高。但是当温度升高超过 65℃ 时,作为负极的碳层状结构受热膨胀,使微孔挤压封闭,到达负极的锂离子就无法再嵌入到碳层的微孔中,因此就充不进电了。

根据上述分析,结合故障发生时正值炎热夏季,地表温度都超过 60℃。另一方面,锂离子电池在放电的时候产生热量较少,充电时由于锂离子运动加快,相互摩擦产生热量使电池温度升高,更加剧了故障的严重性。

五、故障排除

通过上述分析,用举升机将车辆举升离开地面,在车底电池和充电口各放置一台工业排风机,使用强风为电池降温。大约 40min 以后,用手摸动力电池外壳感觉不太热了,再连接充电线束,就可以给电池充电了。充电过程中继续使用风扇给电池降温,直至电池充满。

六、故障再现

由于锂离子电池本身的充放电特性,当温度低于 –20℃ 或是高于 65℃ 温度,是不能进行补充充电的。由于本案例是由于外界环境温度和动力电池本身产生热量所产生,在常温环境下不便于进行故障再现。

任务实施

一、准备工作

(1)防护装备:防护三件套、室内五件套、遮拦、维修警示牌。
(2)车辆、台架、总成:举升机、新能源汽车(E6或秦)一辆。
(3)工具、设备:常用工具一套、常用工具车一辆、手电筒、绝缘电阻表、万用表、小一字螺丝刀、诊断仪、转换接线盒。
(4)辅助耗材:毛巾、劳保用品、熔断丝、电工胶布。

二、充电系统故障诊断需要的工量具

故障诊断时需要使用的工量具见表10-12。

故障诊断时需要使用的工量具　　　　　　表10-12

手电筒		转换接线盒	
绝缘电阻表		一字螺丝刀	
数字万用表		诊断仪	

三、操作步骤

(1)关闭起动开关,将诊断仪连接到车辆(台架)诊断头上,打开起动开关。
(2)插上充电枪后,检查仪表上充电连接指示灯是否点亮,如图10-13中连接符号所示。

图10-13　充电连接指示灯

(3)检查便携式充电器上充电指示灯和电源指示灯是否点亮,若电源指示灯不亮,如图10-14所示,需检查便携式充电器与电源之间的连接及有无电源。

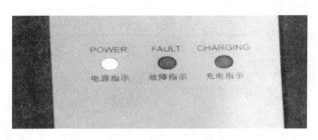

图 10-14　电源指示灯

(4)若电源指示灯点亮,检查充电枪和充电接口之间的连接是否良好,锁止机构是否有效锁止,如图 10-15 所示。

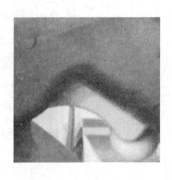 

图 10-15　充电枪锁止机构

(5)若电源指示灯点亮,但车辆不充电,断开充电器电源,按下充电枪锁止机构,测量充电枪一端 CC 和 PE 之间电阻值,如图 10-16 所示,松开锁止机构后,再次测量 CC 和 PE 之间电阻值是否在规定的范围之内。

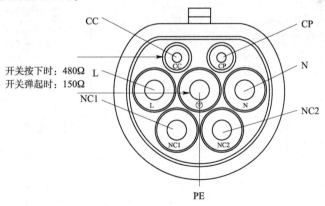

图 10-16　充电枪端电阻检测

(6)读取故障码,删除原始故障码。
(7)读取数据流,并对数据流进行分析。
(8)查阅充电系统的电路图并进行分析,找出可能引发不充电或充电过程中断电的原因。

四、技能考核标准

技能考核标准见表 10-13。

技能考核标准　　　　　　　　　　　　　　　　　　　　　　　表10-13

序号	项目	操作内容	配分	评分标准	得分
1	链接诊断仪	将诊断仪连接到实车或总成上	8分	(1)关闭起动开关2分； (2)找到诊断头2分； (3)连接上诊断头2分； (4)打开起动开关2分	
2	检查仪表上充电连接灯	连接便携式充电器后，检查仪表上充电连接指示灯是否点亮	10分	(1)连接电源2分； (2)检查电源指示灯点亮2分； (3)按下手柄2分； (4)连接充电枪2分； (5)检查仪表上充电指示灯是否点亮2分	
3	检查电源指示灯	连接上电源，检查指示灯是否点亮	4分	(1)查看充电器上电源指示灯点亮情况2分； (2)检查电源是否有电2分	
4	检查充电枪锁止机构	检查锁止机构完好情况	4分	(1)检查锁止开关2分； (2)检查锁止功能2分	
5	CC与PE电阻检测	检测前端电阻值	12分	(1)识别充电枪一端CC与PE端子2分； (2)万用表使用正确2分； (3)断开时电阻测量2分； (4)松开时电阻检测2分； (5)检测结果分析判断4分	
6	读取故障代码	进入诊断仪诊断系统，读取故障码	8分	(1)读取故障码2分； (2)分析故障码2分； (3)清除故障码4分	
7	读取数据流	进入数据流读取页面，读取数据流	4分	(1)读取数据流2分； (2)分析异常数据流2分	
8	查询与车辆不能充电的电路图	对照整车控制电路图，分析引起不能充电的原因	8分	(1)画出电路图4分； (2)分析可能引发不充电的原因2分； (3)说出可能的故障点2分	
9	5S管理	5S管理	2分	5S管理2分	
	总分		60分		

思考与练习

(一)填空题

1.电动汽车充电系统包括_____和_____两部分。

2.电动汽车的充电系统包括_____、_____、充电接口和线束。

3.北汽EV160的车载充电器上共有_____个接口。

(二)单项选择题

1. DC/DC 转换器的输出电压应为(　　　)。
   A. 5V　　　　　　　B. 10V　　　　　　　C. 14V　　　　　　　D. 24V
2. DC/DC 转换器相当于传统汽车的(　　　)。
   A. 发动机　　　　　B. 发电机　　　　　C. 变速器　　　　　D. 转向机

(三)多项选择题

电动汽车的动力电池在(　　　)温度下,是补充不进电量的。
   A. 低于0℃　　　　B. 低于-20℃　　　C. 高于105℃　　　D. 高于65℃

(四)判断题

1. 电动汽车充电电源应为220V 50Hz,16A 标准单相两极带接地插座。(　　　)
2. 动力电池温度过高时,组合仪表显示动力电池温度过高报警指示灯点亮,充电会自动停止,待电池冷却后再充电。(　　　)

(五)简答题

1. 请简述车载充电机的工作流程。
2. 对于电动汽车充电中途停止充电的故障可能的原因有哪些?

任务11　高压互锁故障诊断

学习目标

◆ **知识目标**

完成本任务学习后,你应能:

1. 描述电动汽车上的高压线束;
2. 讲解高压互锁的结构类型及作用;
3. 讲解高压互锁机构的互锁原理;
4. 描述高压互锁机构的检测方法。

◆ **能力目标**

完成本任务学习后,你应能:

使用万用表,在实车上或实验总成上对高压互锁回路进行检测,并能对检测结果进行判断。

任务描述

一辆北汽新能源 EV200 电动汽车,行驶了1万km,在4S店做完正常的例行维护后,插上钥匙后起动,驱动电机不上电,车辆无法行驶,中央仪表板显示区内 READY 指示灯不亮,同时仪表板上还显示"高压互锁",连接充电器线束插头亦显示充电系统未工作。如果你是维修技术人员,遇到这样的情况,你将如何给车主解释,又如何解决这一问题。

理论知识准备

一、车型故障现象

一辆北汽新能源 EV200 电动汽车,行驶 1 万 km,在做完正常的例行维护后,插上钥匙后起动,驱动电机不上电,车辆无法行驶,中央仪表板显示区内 READY 指示灯不亮,同时仪表板上还显示"高压互锁",连接充电器线束插头亦显示充电系统未工作。

二、电动汽车高压部件简介

(一)高压系统介绍

前面介绍过电动汽车充电系统主要由车载充电机、高压部件、充电接口和线束组成,而本故障案例显示"高压互锁",则直接与高压部件有关。

1. 高压部件的组成

电动汽车高压部件主要由 DC/DC 转换器、高压线束、动力电池、高压控制盒、电机控制器、驱动电机以及附件(空调)组成。

2. DC/DC 转换器

DC 是直流的意思,DC/DC 转换器就是指直流电之间的转换设备,在移动电话、笔记本式计算机、摄影机等产品中得到广泛应用,都需将低压直流电压变成高压直流电压,或者将高压直流电压转换成低压直流电压,于是这些设备就需要用到 DC/DC 转换器。电动汽车上的 DC/DC 转换器就是将动力蓄电池的高压直流电(320V)转换成低压直流电(12V),供灯光、喇叭、音响等其他用电器使用。

DC/DC 转换器的工作条件和工作情况判断见表 11-1。

转换器的工作条件和工作情况义   表 11-1

DC/DC 转换器工作条件	判断 DC/DC 是否工作的方法
高压输入范围为 DC290～420V	第一步,在保证整车线束正常连接的情况下,上电前使用万用表测量铅酸蓄电池端电压,并记录数值
低压使能输入范围为 DC9～14V	第二步,整车上 ON 电,继续读取万用表数值,查看变化情况,如果数值在 13.8～14V 之间,判断为 DC 工作

3. 高压线束

整车共分为 5 段高压线束,分别是:

(1)动力电池高压电缆:连接动力电池到高压盒之间的线缆。

(2)电机控制器电缆:连接高压盒到电机控制器之间的线缆。

(3)快充线束:连接快充接口到高压盒之间的线束。

(4)慢充线束:连接慢充接口到车载充电机之间的线束。

(5)高压附件线束(高压线束总成):连接高压盒到 DC/DC、车载充电机、空调压缩机、空调 PTC 之间的线束。

整车高压部件和线束布置位置如图 11-1 所示。

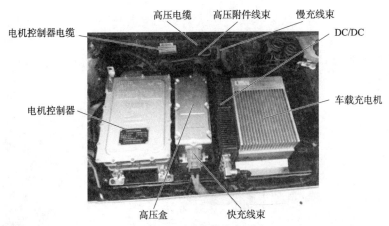

图 11-1　整车高压线束布置图

（1）动力电池高压电缆：连接动力电池到高压配电盒之间的线缆。端子如图 11-2 所示，其端子定义见表 11-2。

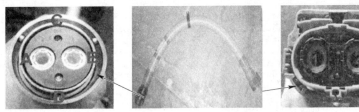

图 11-2　动力电池电缆及端子

接动力电池电缆端子定义　　　　　　　　　　　　　　　　表 11-2

接高压盒端	接动力电池端	接高压盒端	接动力电池端
A 脚位：电源负极	2 脚：电源正极	C 脚位：互锁线短接	中间互锁端子
B 脚位：电源正极	1 脚：电源负极	D 脚位：互锁线短接	

（2）电机控制器电缆：连接高压配电盒到电机控制器之间的线缆，一端接高压配电盒。另一端接电机控制器，其端子如图 11-3 所示，针脚定义见表 11-3。

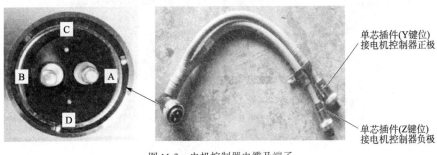

图 11-3　电机控制器电缆及端子

电机控制器电缆针脚定义　　　　　　　　　　　　　　　　表 11-3

针　脚	定　义	针　脚	定　义
A 脚位	电源负极	C 脚位	互锁线短接
B 脚位	电源正极	D 脚位	互锁线短接

（3）高压附件线束（高压线束总成）：连接高压配电盒到 DC/DC、车载充电机、空调压缩机、空调 PTC 之间的线束，如图 11-4 所示。

（4）高压附件线束（高压线束总成）：接口如图 11-5 所示，标识了相应的字母，其各针脚的定义见表 11-4。

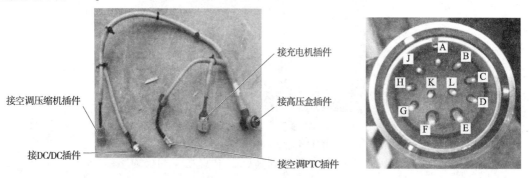

图 11-4　高压附件线束　　　　　　　　　　图 11-5　高压附件线束针脚

接高压配电盒针脚定义　　　　　　　　　　　　　　　　表 11-4

针脚	定　义	针脚	定　义
A	DC/DC 电源正极	G	DC/DC 电源负极
B	PTC 电源正极	H	压缩机电源负极
C	压缩机电源正极	J	PTC - B 组负极
D	PTC - A 组负极	L	互锁信号线
E	充电机电源正极	K	空引
F	充电机电源负极		

（5）高压附件线束（高压线束总成）：接充电机插件如图 11-6 所示，接空调压缩机插件如图 11-7 所示，接口定义见表 11-5。

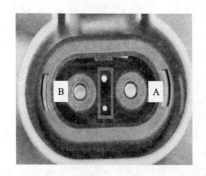 

图 11-6　接充电机插件　　　　图 11-7　接空调压缩机插件

高压附件针脚定义一　　　　　　　　　　　　　　　　表 11-5

插　接　件	接充电机插件	接空调压缩机插件
针脚及定义	A：电源负极	1：电源正极
	B：电源正极	2：电源负极
	中间互锁端子	中间互锁端子

接 DC/DC 插件如图 11-8 所示,接空调 PTC 插件如图 11-9 所示,插接件针脚定义见表 11-6。

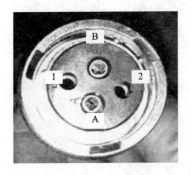

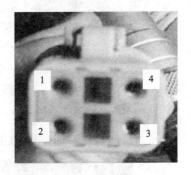

图 11-8　接 DC/DC 插件　　　　　　　图 11-9　接空调 PTC 插件

高压附件针脚定义二　　　　　　　　表 11-6

插接件	接 DC/DC 插件	接空调 PTC 插件
针脚及定义	A:电源负极	1:PTC-A 组负极
	B:电源正极	2:PTC-B 组负极
	1:互锁信号输入	3:电源正极
	2:互锁信号输出	4:互锁信号线

(6)高压附件互锁接线原理。当其中某个接插件被带电断开时,动力电池管理器便会检测到高压互锁回路存在断路,如图 11-10 所示,为保护人员安全,将立即进行报警并断开主高压回路电器连接,同时激活主动泄放。

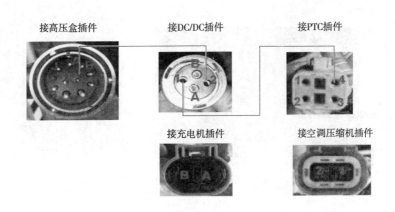

图 11-10　高压互锁原理

4.高压控制盒

高压控制盒是完成动力电池电源的输出及分配,实现对支路用电器的保护及切断功能。图 11-11 所示是高压控制盒外观及插座图。

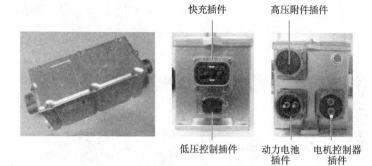

图 11-11 高压控制盒及插头

(1) 高压控制盒内部结构——示意图,如图 11-12 所示。

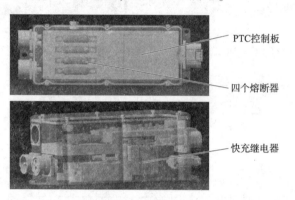

图 11-12 高压控制盒内部结构

(2) 高压控制盒内部结构——熔断器布置,如图 11-13 所示。

(3) 高压控制盒外部接口定义。高压控制盒外部接口如图 11-14 所示,其每一个针脚定义见表 11-7 和表 11-8。

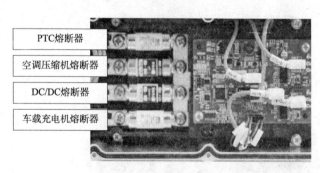

图 11-13 控制盒熔断器布置

图 11-14 高压控制盒外部接口

接高压控制盒一端针脚定义　　　　　　　　　　　　表 11-7

针　脚	定　义	针　脚	定　义
1 脚	电源负极	3 脚	互锁信号线
2 脚	电源正极	4 脚	互锁信号线(到盒盖开关)

接低压控制插件一端针脚定义　　　　　表 11-8

针脚	定　义	针脚	定　义
1 脚	快充继电器线圈(正极)	6 脚	PTC 控制器 GND
2 脚	快充负继电器线圈(控制端)	7 脚	PTC 控制器 CAN－L
3 脚	快充正继电器线圈(控制端)	8 脚	PTC 控制器 CAN－H
4 脚	空调继电器线圈(正极)	9 脚	PTC 温度传感器负极
5 脚	空调继电器线圈(控制端)	10 脚	PTC 温度传感器正极

(4)电动汽车高压互锁设计的目的。高压互锁回路(High Voltage Interlock)简称 HVIL,在电动汽车上设计高压互锁的目的主要由以下几点：

①整车在高压上电前须确保整个高压系统的完整性,使高压始终处于一个封闭环境下工作,以提高安全性。

②当整车在运行过程中,高压系统回路断开或者完整性受到破坏的时候,需要立即启动安全防护功能。

③防止带电插拔高压连接器时,给高压端子造成的拉弧损坏。

在电动汽车制造领域,涉及生产制造和安全性的多项国家标准中,都强制性要求电动汽车必须设计安全互锁功能,以保障乘客和车辆的安全。

(二) 相关知识

新能源汽车的主要高压接插件,如高压 BMS、高压配电箱、维修开关、驱动电机控制器及 DC 总成,均带有互锁回路。按照互锁线路特点高压互锁分为结构互锁、功能互锁和软件互锁。在上电过程中,若 BMS 检测到高压互锁断开,启动上电时限制功率输出或 OK 灯将不亮,或车辆不能正常工作或无 EV 功能,主要原因在于已启动高压断开保护。

1. 结构互锁控制

一般新能源汽车的主要高压接插件均带有互锁回路,当其中某个接插件被带电断开时,动力电池管理便会检测到高压互锁回路存在断路,为保护人员安全,将立即进行报警并断开主高压回路电气连接,同时激活主动泄放。

比亚迪 e6 无高压互锁控制,比亚迪秦高压互锁流程如图 11-15 所示,正常情况电池管理器 K65-07 和 K64-01 应相通,阻值小于 1Ω;驱动电机控制器 B21-04 和 B21-20、紧急维修开关 K66-01 和 K66-02、高压配电箱 K54-02 和 K54-06 也应相通。

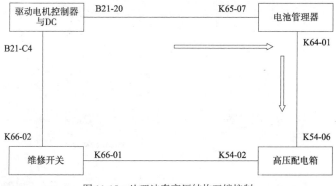

图 11-15　比亚迪秦高压结构互锁控制

2. 功能互锁控制

当车辆在进行充电或插上充电枪时，新能源汽车的高压电控系统会限制整车不能通过自身驱动系统驱动，以防止可能发生的线束拖曳或安全事故。

比亚迪秦的车载充电设置有单独功能互锁线路，如图11-16所示，由BMC02的24号针脚(L/Y线)输出PWM信号，经过高压配电箱、车载充电机后搭铁。

图11-16 比亚迪秦高压功能互锁控制

3. 软件互锁控制

正常高压上电后，如果PTC或电动压缩机检测到高压侧电压异常，空调系统会将高压异常通过CAN发给BMS，报出高压互锁故障。

4. 开盖检测

一般新能源汽车的重要高压电控产品具有开盖检测功能，该功能属于高压结构互锁功能，如高压控制盒、DC-DC等，当能量管理控制系统发现这些产品的盖子在整车高压回路连通的情况下打开时，如图11-17所示，如同高压插头断开一样，会立即进行报警，同时断开高压主回路电气连接，并激活主动泄放。

图11-17 比亚迪秦高压部件开盖检查部位

(三)高压互锁检测

1. 亚迪秦维修开关高压互锁电路

当维修开关断开后，高压互锁检测电路断开，高压互锁插头结构如图11-18所示。比亚迪秦维修开关高压互锁电路如图11-19所示。

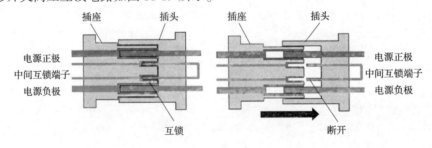

图11-18 高压互锁插头连接紧固

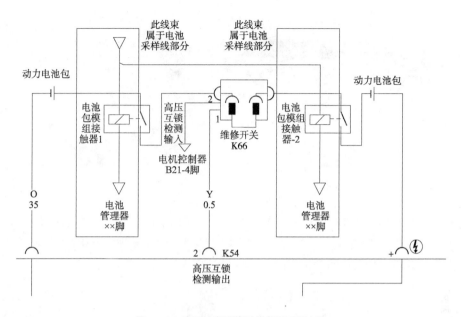

图 11-19　比亚迪秦维修开关高压互锁电路

2. 高压互锁检测

高压互锁检查如图 11-20 所示，断开各插接件后，主要检查电池管理器 K65-07 和 K64-01、驱动电机控制器 B21-04 和 B21-20、紧急维修开关 K66-01 和 K66-02、高压配电箱 K54-02 和 K54-06 是否相通，若检测阻值小于 1Ω 则此处高压互锁线路相通，否则为断开。电池管理器位置如图 11-21 所示，位于行李舱右侧。

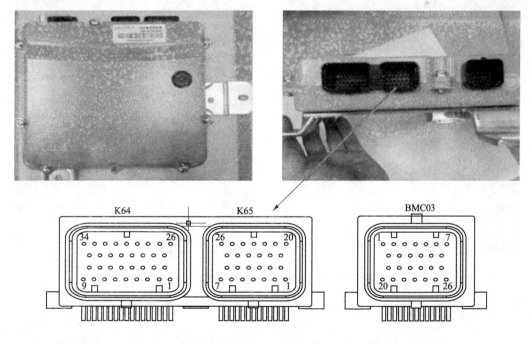

图 11-20　比亚迪秦电池管理器插座针脚（BMS 端针脚标号）

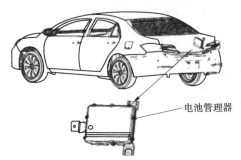

图 11-21　比亚迪秦电池管理器安装位置

比亚迪秦驱动电机控制器检查部位如图 11-22 所示,维修开关检查部位如图 11-23 所示。检查时首先检查互锁针脚是否有退针现象,然后检测两针脚是否相通,相通为正常,否则为不正常。此外,各高压部件开盖检查部位也是高压互锁检查部位。

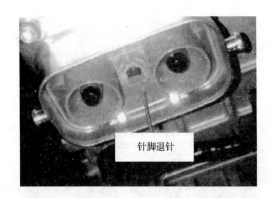

图 11-22　比亚迪秦驱动电机控制器高压互锁检查部位

图 11-23　比亚迪秦维修开关高压互锁检查部位

三、故障成因分析

电动汽车常见的高压互锁问题主要有以下几个方面,具体故障形式如图 11-24 所示。

a)端子缺失或退针　　b)插件未装配到位　　c)开关端子损坏

图 11-24　常见的高压互锁故障情况

（1）PTC、DC/DC、高压盒、车载充电机、空调压缩机、PTC 等高低压插件未插。

（2）上述高压插接器未插到位。

（3）插头有缺失或退针现象。

（4）端子有损坏。

四、高压互锁故障的分析排查方法

无论哪种品牌型号的电动汽车，根据电动汽车安全性能相关国家标准，当出现以下三种情况都会立即启动高压互锁。

（1）当 PTC、DC/DC、高压盒、车载充电机、空调压缩机等高低压插件未插或未插到位。

（2）当整车在运行过程中，只要高压系统回路断开或者完整性受到破坏的时候，就会立即启动安全保护功能。

（3）在整车维护过程中，为防止带电插拔高压连接器，给高压端子造成的拉弧损坏。

高压互锁故障现象：整车报高压故障，各高压部件互锁，驱动电机不上电。高压互锁故障产生的一般原因：某个高压插件未插或未插到位造成高压互锁。互锁回路如图 11-25 所示。

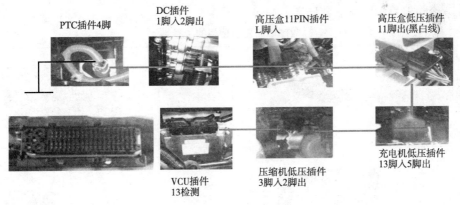

图 11-25　互锁回路图

如果低压蓄电池正负极安装不够紧固，也会发生高压互锁的情况，其现象是全车没电。根据北汽新能源给出的故障数据，插件退针、插接不到位等因素占此类故障的 70%，高压部件内部电气故障（如熔断丝断开）约占 20%，其他原因约占 10%。因此，电动汽车正确的维护作业就显得尤为重要。

五、故障排除

按照上述互锁回路图逐项排查高压部件插件搭铁情况，从 PTC 插件 4 脚开始，当检查到压缩机低压插件时,发现插头没有插到位,将插头插紧,高压互锁随即解除,驱动电机可以上电,故障排除。

六、故障再现

使用高压实验台、电动汽车整车排故实训系统,设置 PTC 插件 4 脚、DC/DC2 脚、高压控制盒低压插件 11 脚、车载充电机 5 脚、空调压缩机低压插件 2 脚、VCU13 针脚任意一个开路故障,均可实现整车高压互锁,驱动电机不能上电,仪表板报警显示"高压互锁"故障发生。指导学生按照上述分析步骤,逐向排查并列出检测项目和测试数据,填写《竣工检验单》并存档。若使用"电动汽车整车排故实训系统"和"电动汽车检修教学平台",计算机系统会自动会对学生的作业情况进行评价判分。

任务实施

一、准备工作

(1)防护装备:防护三件套、室内五件套、遮拦、维修警示牌。
(2)车辆、台架、总成:举升机、新能源汽车(E6 或秦)一辆。
(3)工具、设备:常用工具一套、常用工具车一辆、手电筒、绝缘电阻表、万用表、小一字螺丝刀、诊断仪、转换接线盒。
(4)辅助耗材:毛巾、劳保用品、电工胶布。

二、高压互锁故障诊断需要的工量具

故障诊断需要使用的工量具见表 11-9。

故障诊断需要使用的工量具　　　　表 11-9

手电筒		转换接线盒	
绝缘电阻表		一字螺丝刀	
数字万用表		诊断仪	

三、操作步骤

（1）关闭起动开关，将诊断仪连接到车辆（台架）诊断头上（驾驶人右前下方），如图 11-26 所示，打开起动开关。

（2）打开解码仪主界面，选择高压电池管理器，如图 11-27 所示。

图 11-26 诊断头的连接位置

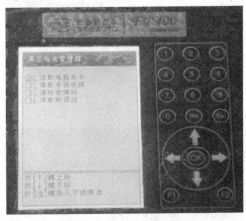

图 11-27 高压电池管理器界面

（3）进入高压电池管理器后，选择 1 读取电脑版本，获取电脑数据，如图 11-28 所示，读取完毕后退出读取电脑版本界面。

（4）读取系统故障码，如图 11-29 所示，读取完毕后退出读取故障码界面，清除故障码。

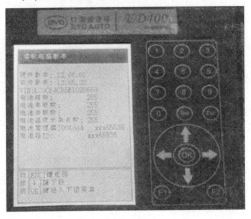

图 11-28 读取电脑版本界面

图 11-29 读取故障码界面

（5）退出至诊断仪主菜单，关闭仪器，拆卸诊断头，关闭起动开关。

（6）拉动行李舱盖拉手，如图 11-30 所示，打开行李舱，拆卸行李舱中行李舱右侧内饰板。

（7）在行李舱中找到车载充电器和电池管理器，如图 11-31 所示。

（8）找到电池管理器上的 K64 和 K65 插接器，拔下插接器插头，如图 11-32 所示。

（9）找到插接器 K64 的 1 号针脚和 K65 号的 7 号针脚，如图 11-33 所示，测量其电阻值。

图 11-30　行李舱拉手和行李舱内饰板

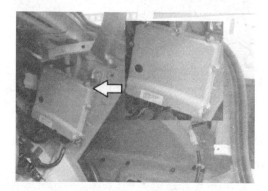

图 11-31　车载充电器和电池管理器位置

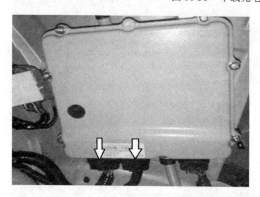

图 11-32　插接器在 BMS 上的位置

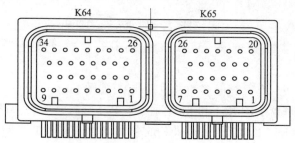

图 11-33　插接器 K65 和 K65 上的测量针脚

（10）对测量结果进行分析判断。如果测量结果异常，结合图 11-33，检查其他部位是否异常，其他部位是否存在缺针、接触不良、锈蚀等现象。

（11）插上插接器 K64 和 K65，检查是否插到位，装上行李舱右侧内饰板。

（12）5S 管理工作。

四、技能考核标准

技能考核标准见表 11-10。

技能考核标准　　　　　　　　　　表 11-10

序号	项目	操作内容	配分	评分标准	得分
1	链接诊断仪	将诊断仪连接到实车或总成上	9 分	（1）关闭起动开关 3 分； （2）找到诊断接口，连接上诊断头 3 分； （3）打开起动开关 3 分	
2	进入电池管理器主界面	进入电池管理器主界面	4 分	（1）车型选对 2 分； （2）进入到电池管理器主界面 2 分	
3	读取电脑版本	读取电脑版本	4 分	（1）点击读取电脑版本 2 分； （2）进入到电脑版本界面 2 分	
4	读取系统故障码	读取系统故障码	12 分	（1）选择读取系统故障码 3 分； （2）进入到故障码界面 3 分； （3）查看故障码 3 分； （4）清除故障码 3 分	
5	关闭起动开关	关闭起动开关	12 分	（1）脱出到主界面 3 分； （2）关闭解码仪 3 分； （3）拔下诊断头 3 分； （4）关闭起动开关 3 分	
6	拆卸行李舱内饰板	拆卸行李舱内饰板	15 分	（1）找到行李舱开关 3 分； （2）拉动开关 3 分； （3）拆卸行李舱右侧内饰板 3 分	
7	识别 BMS 和车载充电器	识别 BMS 和车载充电器	6 分	（1）找到 BMS 3 分； （2）找到车载充电器 3 分	
8	找到插接器 K64 和 K65	找到插接器 K64 和 K65	9 分	（1）识别出 K64 插接器 3 分； （2）识别出 K65 插接器 3 分； （3）拔下 K64 插接器 3 分； （4）拔下 K65 插接器 3 分； （5）拔插接器是按下锁止结构 3 分	

续上表

序号	项 目	操 作 内 容	配 分	评 分 标 准	得分
9	找到插接器 K64 的 1 号针脚和 K65 号的 7 号针脚	找到插接器 K64 的 1 号针脚和 K65 号的 7 号针脚	12 分	(1) 找到插接器 K64 的 1 号针脚 3 分；(2) 找到插接器 K65 号的 7 号针脚 3 分；(3) 万用表使用正确 3 分；(4) 测量结构分析 3 分	
10	复位插接器 K64 和 K65	复位插接器 K64 和 K65	9 分	(1) 复位插接器 K64 3 分；(2) 复位插接器 K65 3 分；(3) 检查复位情况 3 分	
11	行李舱复位	行李舱复位	6 分	(1) 复位右侧内饰板 3 分；(2) 关闭行李舱盖 3 分	
12	5S 管理	5S 管理	2 分	5S 管理 2 分	
	总分		100 分		

思考与练习

(一) 填空题

1. 按照互锁线路特点，高压互锁分为_____互锁、_____互锁和软件互锁三种。

2. 高压附件线束是从高压配电盒出来后连接到_____、_____、_____和空调 PTC 之间的线束。

3. 开盖检测属于_____互锁。

(二) 单项选择题

1. 高压互锁回路的英文缩写为( )。
   A. HVIL   B. HILV   C. HVLI   D. VHIL

2. 下列不属于高压互锁故障现象的是( )。
   A. 整车报高压故障   B. 驱动电机不上电
   C. 各高压部件互锁   D. 不能充电

(三) 多项选择题

以下属于造成高压互锁的原因有( )。
   A. 高压插件未插   B. 插接器未插到位
   C. 插头有缺失或退针现象   D. 端子有损坏

(四) 判断题

1. 高压控制盒是完成动力电池电源的输出及分配，实现对支路用电器的保护及切断功能。( )

2. 在电动汽车制造领域，涉及生产制造和安全性的多项国家标准中，都推荐性要求电动汽车必须设计安全互锁功能。( )

3. 电动汽车上的互锁机构只有结构互锁。　　　　　　　　　　　　　（　）

(五) 简答题

1. 电动汽车高压部件主要由哪几部分组成？
2. 简述判断 DC/DC 是否工作的方法。
3. 在电动汽车上设计高压互锁的目的是什么？

任务 12　电动汽车空调维护与故障诊断

学习目标

❖ 知识目标

完成本任务学习后，你应能：

1. 能正确说出纯电动汽车空调的功能、作用及结构；
2. 能说出如何对制冷系统进行维护检查及常见故障；
3. 能说出取暖系统的功能、作用及结构；
4. 能说出如何对取暖系统进行检查维护及常见的故障；
5. 能说出通风净化系统的功能、作用及结构。

❖ 能力目标

完成本任务学习后，你应能：

1. 完成对制冷系统的维护与故障诊断；
2. 完整对取暖系统的维护与故障诊断。

任务描述

空调作为现代汽车的标准配置，其目的是通过人为的方式，创造一个对人体适宜的环境，即对车内的温度、湿度、气流速度进行调节和对空气进行净化，以达到提高驾驶室内的舒适性的目的。但随着车辆使用时间和使用里程的增加，汽车空调的性能也会弱化或变差，因此对空调的维护可以有效改善空调的性能，提高车辆的乘坐舒适性。

理论知识准备

一、汽车空调概述

(一) 汽车空调的功能

汽车空调是对汽车车厢内空气进行调节的装置，它可以将车内的空气温度调节到使人感到舒适的程度，还可以对空气进行净化和去湿。提高车内环境的舒适性，保持车内空气的温度、湿度、流速、洁净度等在热舒适性的标准范围内。不仅有利于司乘人员身体健康，提高了工作效率和生活质量，而且还增加了汽车行驶的安全性。

(1) 调节车内空气的温度:汽车空调通过暖风装置、在冬季使车内温度达 18℃ 以上,并能除去风窗玻璃上的霜(雾);在夏季制冷装置使车内温度保持在 25℃ 左右。

(2) 调节车内空气的湿度:通过制冷装置和暖风装置可以进行除湿,它通过制冷装置冷却,去除空气中的水分,再由采暖装置升温以降低空气中的相对湿度,保持车内湿度合适。

(3) 调节车内空气流动:用于调节车内的气体以一定的风速和方向流动,并进行换气,保持车内有足够的新鲜空气和适合的风速。

(4) 净化车内空气。车内空气中含有的灰尘及一些有害物质,可通过空调的净化装置滤除或吸附,从而对空气进行消毒处理。

(二)汽车空调的基本组成和系统功用

1. 制冷系统作用与组成

如图 12-1 所示,汽车空调制冷系统由压缩机、冷凝器、储液干燥器(或集液干燥器)、膨胀阀(或孔管)、蒸发器、鼓风机、压力开关、高低压检修阀和制冷管道等组成。制冷系统的作用是利用制冷剂蒸发时吸收热量,来实现降低车内温度的目的。

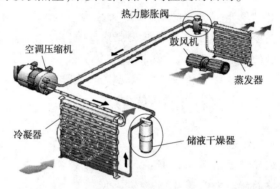

图 12-1 汽车空调制冷系统

2. 采暖系统作用与组成

汽车取暖系统的作用,是将冷空气送入加热器芯,吸收加热器的热量将冷空气加热,并将热空气送入车厢内进行取暖。

汽车取暖系统主要由控制阀、鼓风机和加热器芯组成。现代轿车上大多采用水暖式取暖系统。而在纯电动汽车上,由于取消了发动机,故只能采用独立的取暖系统进行取暖,更多使用 PTC 加热器对独立取暖系统水箱中的水进行加热,再经过热交换器将热量传递到进入驾驶室的空气,以对其进行加热,实现室内取暖。

3. 通风配气系统作用与组成

如图 12-2 所示,汽车空调通风系统的作用是将外部新鲜空气引入车内,并将车内的污浊空气排出车厢外,同时还可以防止风窗玻璃起雾。

配气系统的作用是将通风装置引入车内的新鲜空气与冷气、暖风进行有机的配合调节,形成冷暖适宜的气流从不同的出风口吹出。汽车空调配气系统一般由空气进入段、空气混合段和空气分配段三部分组成,如图 12-3 所示。

4. 空气净化装置作用与组成

汽车空调空气净化系统一般由鼓风机、空气过滤器、杀菌器、负氧离子发生器和进、出风口等组成,如图12-4所示。作用是使车厢内空气保持清新洁净。

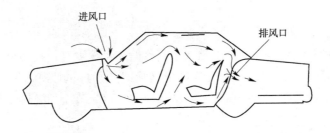

图12-2 空调通风配气系统

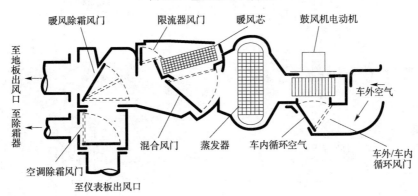

图12-3 空调配气系统

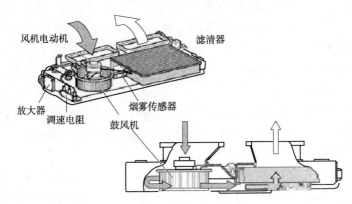

图12-4 空调净化系统

5.控制系统的作用与组成

汽车空调系统控制装置主要由控制面板和空调电气控制系统两大部分组成。电气控制系统根据驾驶人操作空调控制面板的指令来控制各个执行元件的工作情况。其结构与功能由3部分组成。

(1)传感器部分,专门负责信息的采集和反馈。

(2)空调控制器(ECU)也称空调电脑,负责信息处理和发出动作指令。

(3)执行装置,它包括空调系统的各种阀、继电器、电动机和显示器,用来按ECU的指令发挥各自的动作功能。

二、制冷系统结构与故障诊断

(一)制冷系统工作原理

和传统汽车空调制冷系统一样,电动汽车制冷循环系统主要包括四个工作循环过程:如图 12-5 所示,制冷系统通过制冷剂的气液两相转换时所形成的吸热和放热过程实现制冷。围绕制冷剂的气液转换,制冷工作循环可归纳为压缩、放热、节流和吸热四个过程。

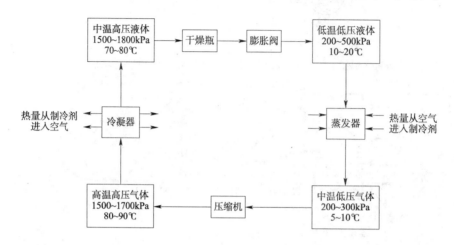

图 12-5 制冷系统工作原理

(1)压缩过程:压缩机将从蒸发器中吸入的低压低温制冷剂蒸气进行压缩,使之成为高温高压的蒸气并送入冷凝器。压缩过程使制冷剂蒸气达到了液化所需的压力和温度。

(2)放热(冷凝)过程:高温高压的气态制冷剂在冷凝器中冷凝并与车外空气进行热交换(放热),转变为高温高压液态制冷剂。这一过程使制冷剂中的热量得以释放并通过冷凝器传递给了车外的空气。

(3)节流过程:从冷凝器流出的高压液态制冷剂经储液干燥器除湿,过滤后流经膨胀阀,由膨胀阀节流降压后送入蒸发器。节流过程降低了制冷剂的压力和温度,并产生部分气态制冷剂,以确保制冷剂在蒸发器中能完全汽化。

(4)吸热(蒸发)过程:低温低压的液态制冷剂在蒸发器中汽化,并与车内空气进行热交换(吸热),变成低压中温气态制冷剂。在蒸发器中吸收了热量的制冷剂蒸气被压缩机吸走,使蒸发器中的制冷剂的汽化吸热过程得以持续进行。

(二)制冷系统的结构组成和维护检查

e6 先行者电动汽车的空调系统不同于常规燃油车,制冷系统的动力源采用的是涡旋式电动空调压缩机,由于用占空比控制,故比较节能。

1. 制冷系统的组成

电动空调系统组成与内燃机汽车类似:主要由空调风管总成、空调管路总成、电动压缩机、冷凝器、空调控制面板及其相关传感器、空调驱动器、空调箱体等组成,如图 12-6 所示。其中空调驱动器与 DC/DC 布置于同一壳体中,位于前舱左侧。

电动压缩机由 DC/DC 和空调控制器总成控制,其连接关系如图 12-7 所示。

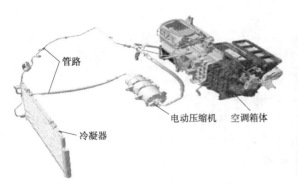
图12-6 制冷系统结构图

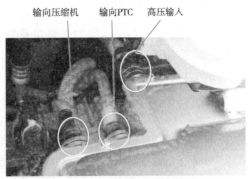
图12-7 压缩机的线束连接

电动汽车空调与常规车型空调系统相比,主要区别在于电动压缩机及PTC制热。

2.压缩机的结构组成及维护检查

1)压缩机的功能

将低温、低压的制冷剂气体从蒸发器中吸入;压缩成高温、高压的气态制冷剂后;输送到冷凝器。

2)涡旋式空调压缩机结构

涡旋压缩机结构如图12-8所示,由驱动电机和压缩制冷剂的涡旋压缩机等两部分组成。

考虑到纯电动汽车电能供给的问题,在纯电动汽车上,使用的电动机为变频式电动机,使压缩机能够在较大的范围内工作。而涡旋式压缩机是由两个双函数方程型线的动涡盘和静涡盘相互啮合而成,如图12-9所示。在吸气、压缩、排气的工作过程中,静涡盘固定在机架上,动涡盘由偏心轴驱动并由防自转机构制约,围绕静盘

图12-8 涡旋式压缩机外形

基圆中心,作很小半径的平面转动。气体通过进气口吸入静盘的外围,随着偏心轴的旋转,气体在动静盘啮合所组成的若干个月牙形压缩腔内被逐步压缩,然后由静盘中心部件的轴向孔连续排出。

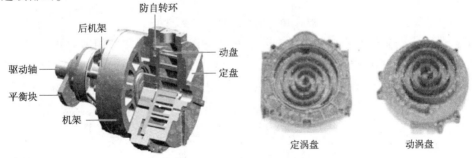
图12-9 涡旋式压缩机结构

3)工作原理

涡旋式压缩机的工作室是由两个涡旋体啮合而成。涡旋体的型线采用圆的渐开线,其基圆半径为a,利用渐开线的不同起始角形成涡旋体的壁厚δ。当轴向具有一定的高度H时

即形成涡旋体。

两个涡旋体中一个是固定不动的涡旋定子,一个是作平移转动的涡旋转子。涡旋转子和涡旋定子周向差180°,中心呈偏置状态,于是两个涡旋体的型面出现多处啮合点,形成多个封闭的小室。涡旋转子中心只能进行绕涡旋定子中心,以偏心距 e 为半径的平移转动而不能绕涡旋转子中转动。在涡旋转子的中心处设置一定大小的排气口,在涡旋转子和涡旋定子即将啮合处设有吸气口,直通涡旋转子的外围。如图12-10中(1)表示转子和定子的最外圈正好在端点处啮合,处于最外围的两个对称的小室(蓝色部分)刚完成其吸气过程。随着偏心轴的转动和涡旋转子的平移动,两涡旋体保持着良好的啮合,使外圈小室中的气体不断向中心推移,容积不断收缩,压力逐渐升高,开始其压缩过程(每圈相对偏心轴转角90°)。

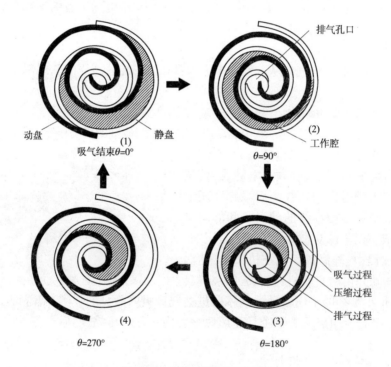

图12-10 涡旋式压缩机工作原理

压缩过程一直持续至该两小室的空间合并为一中心室与排气口相通为止,然后开始通过排气口向外排气,如图12-10中(4)所示,并持续到小室的空间消失为止,此即排气过程。在上述这些过程进行的同时,外圈型面多次开启,把气体不断吸入到涡旋外圈小室,直到外圈端部闭合,多次完成其吸气过程。涡旋式压缩机中的压缩过程是具有一定内容积比的内压缩过程,有一定的内压比,其中不需要设置吸气阀和排气阀,不存在余隙容积,工作中也就没有膨胀过程。

4)空调压缩机的维护检查

(1)检查空调压缩机上是否有灰尘、水渍与锈蚀等杂物,应该使用潮湿的毛巾对其清理,确保晾干以后在重新将压缩机装回。

(2)打开制冷系统,使用温度检测仪检查压缩机进气口温度和排气口的温度,正常情况下,排气口一侧的温度在70~80℃,进气口一侧在1~2℃。

(3)检查压缩机工作声音是否正常,可以使用听诊器(图12-11)直接接触在压缩机本身和电机上听诊,如果在听诊时电机或压缩机一侧的内部有金属摩擦的声音,可能是电机轴承松动或损坏,或是电机转子有故障,或是压缩机的定盘与动盘之间有摩擦,需要对电机和压缩机进行检修或者更换。

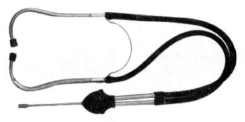

图12-11　汽车用听诊器

(4)检查压缩机的高压连接线束,是否连接可靠,线路固定是否良好,线路走向是否合理,必要时,需要使用绝缘电阻表检查高压线束的绝缘性。

3.冷凝器的结构作用与维护检查

1)功能

来自压缩机的热的气态制冷剂(50~90℃)被压入到冷凝器的上部,冷凝器的蛇形管和金属薄片会吸收热量。凉的外部空气穿过冷凝器会吸收热量,于是制冷剂气体的热量被带走而冷却。在一定温度和一定压力时,制冷剂在冷却过程中会冷凝,于是气态制冷剂就变成液态的制冷剂。液态制冷剂从冷凝器的下部流出进入干燥器。

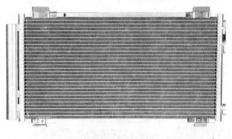

图12-12　平行流式冷凝器

2)结构

冷凝器由迂回的蛇形管构成,该管与薄金属片刚性连接在一起,如图12-12所示。这样就可获得较大的散热面积和更好的热传递效果。冷凝器由散热器风扇来冷却,以保证制冷循环的正常工作。冷凝器一般都安装在散热器的前方,这样可以提高冷凝器的效率。

平行流式冷凝器由集流管、扁管、波形散热翅片以及连接管组成,是专为R134a提供的一种新型冷凝器。这种冷凝器的传热效率比管带式冷凝器又提高了30%~40%。

3)冷凝器的维护检查

(1)通过目测的方式检查冷凝器外观,是否沾有异物,如树叶、羽毛、塑料袋等,表面是否有油污,散热片是否有变形,冷凝器本身的固定是否良好。

(2)打开制冷系统,通过触摸或温度测试仪,检查冷凝器进气口和排气口的温度,正常情况下,冷凝为上端进气口一测温度较高,下端排气口一侧相对温度较低。

4.储液干燥器的结构作业与维护检查

1)储液干燥器的结构及作用

储液干燥器是配合膨胀阀使用,安装在系统的高压侧,主要作用除储存、干燥、过滤制冷剂之外,还可以防止气态的制冷剂进入蒸发器,主要由干燥罐、输液管、过滤网、干燥剂、压力开关、观察镜等组成。

在新能源汽车上,为了节省机舱空间,储液干燥器通常是集成在冷凝器的一端。从冷凝器流过的制冷剂直接进入干燥器,经干燥器干燥后进入节流装置,其结构如图12-13所示。

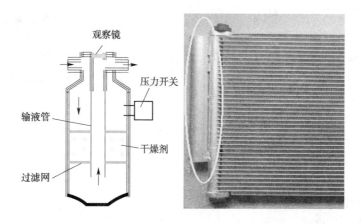

图 12-13　干燥器结构

2）干燥器的维护检查

通过目检纯方式，检查干燥器在机舱中的固定情况，是否固定牢固，外观有无破损，和其他部件有无擦碰，干燥器与管路的连接是否可靠，压力开关的线束连接是否正常。

5. 节流装置的结构与作用

节流装置控制了高压制冷剂液体进入蒸发器的流量，使制冷系统分为高压侧和低压侧，这样高压液体进入低压侧膨胀汽化，达到吸热降温作用。目前使用更多地为膨胀阀型节流装置，如图 12-14 所示，图 12-14a）为传统膨胀阀，图 12-14b）为电动汽车上使用的膨胀阀节流装置——电子膨胀阀。

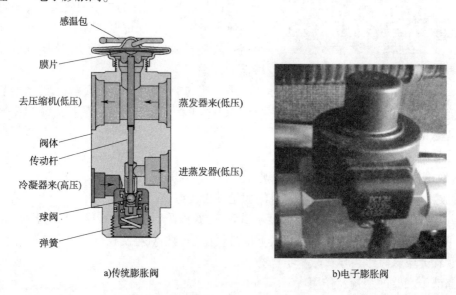

a) 传统膨胀阀　　　　b) 电子膨胀阀

图 12-14　膨胀阀结构

6. 蒸发器结构作用与维护检查

1）结构作用

如图 12-15 所示，蒸发器也是一个热交换器，作用是将制冷剂低温、低压的气液混合体吸热汽化，使之成为低温、低压的气体，被压缩机吸入。

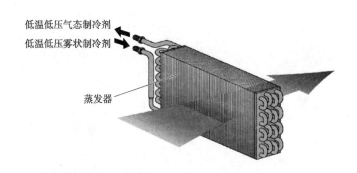

图 12-15 蒸发器结构

其工作过程是将膨胀阀喷出的雾状制冷剂在蒸发器中蒸发,热空气被鼓风机强迫通过蒸发器,空气中的热量被汽化的制冷剂吸收,使其降温。这样,制冷剂液体逐渐汽化最终变为饱和蒸汽,从而达到降低车内空气温度的目的。

2) 检查维护

打开空调,检查制冷系统的制冷效果,可间接判断蒸发器的工作性能,其次,检查蒸发器排水口的固定情况和排水口是否堵塞,否则会影响蒸发器的制冷效果。

(三) 制冷系统典型故障案例

1. 故障现象

一辆秦,上 OK 电后,在 EV 模式下,开启空调冷风时,无冷风吹出。

2. 原因分因

打开空调后,机械压缩机可以正常工作,可以排除空调管路系统、空调面板按键、温度传感器及压力传感器等故障,分析主要和电动压缩机高压部分及控制部分有关,分析原因如下:

(1) 高压配电箱故障。

(2) 空调控制器故障。

(3) 空调配电盒故障。

(4) 电动压缩机及其线路故障。

3. 诊断流程

(1) 车辆上 OK 电后,诊断仪读取电动压缩机及 PTC 水加热器模块高压输入为 500V,说明高压配电箱及空调配电盒正常。

(2) 断开电动压缩机 A56 接插件,测量 A56 接插件 1 脚电压为 13V,正常;测量 A56 接插件的 2 脚,搭铁正常,如图 12-16 所示。

(3) 测量电动压缩机 A56 接插件的 4 脚、5 脚 CAN 线,都为 2.5V 电压,正常。

(4) 断开 PTC 加热器 B57 接插件,测量 B57 接插件 1 脚电压为 13V,正常;测量 B57 接插件的 6 脚,搭铁正常,如图 12-17 所示。

(5) 测量 PTC 加热器接插件的 4 脚、5 脚 CAN 线,都为 2.5V 电压,正常。

(6) 因电动压缩机及 PTC 加热器接插件线路高压及低压都正常,怀疑电动压缩机或 PTC 加热器故障,更换电动压缩机后,故障排除。

4. 故障确认

更换电动压缩机以后,在 EV 模式下,可以正常的开启制冷系统,故障得以排除。

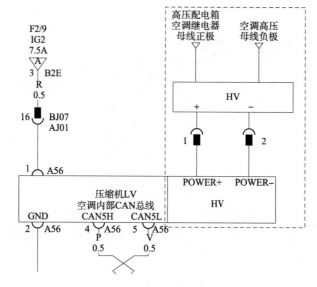

图 12-16 电动压缩机电路图

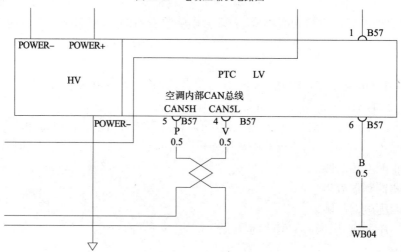

图 12-17 PTC 电路图

5. 维修小结

(1) 秦空调系统在传统机械压缩机制冷及发动机冷却液制热的基础上,增加了一套不依靠发动机工作即可实现的制冷和制热系统。

(2) 秦在 EV 模式和 HEV 模式下,开启空调时,优先使用电动压缩机及 PTC 加热器加热,只有在高压电池电量不足或高压空调系统故障时,空调控制器经网关和驱动电机控制器通信,并由驱动电机控制器和发动机电脑进行通信,起动发动机,利用传统发动机带动机械压缩机及冷却液的循环实现制冷及制热。

(3) 秦空调控制系统的核心为空调控制器,空调控制器主要接收空调面板等操作面板的按键指令(主要为 CAN 线传递),同时接收传统的温度及压力信号,并和电动压缩机及空调 PTC 加热器共同构成空调内部 CAN 网络,空调控制器接收并检测以上 CAN 信号及传感器信号后,会根据检测的信号情况进行空调冷风或暖风的开启及关闭,并根据实际情况判断是否起动发动机。

制冷系统其他常见故障见表 12-1。

制冷系统常见故障　　　　　　　　表 12-1

故障症状	可能发生部位
空调系统所有功能失效	(1)控制器电源电路; (2)面板电源电路; (3)空调控制器; (4)CAN 通信; (5)线束或连接器
仅制冷系统失效(鼓风机工作正常)	(1)压缩机熔断丝; (2)压缩机离合器继电器; (3)压缩机; (4)空调电动机驱动器; (5)空调面板; (6)压力开关; (7)CAN 通信; (8)线束或连接器
制冷系统工作不正常(实际温度与设定温度有偏差)	(1)各传感器(室内、室外温度传感器); (2)空调控制器; (3)线束和连接器

三、空调取暖系统结构与故障诊断

(一)电动汽车水暖式取暖系统结构

电动汽车上大部分的取暖系统采用水暖式制热,通过 PTC 模块加热冷却液制热。供暖系统主要由 PTC、PTC 水泵、热交换器、暖风水管及鼓风机、风道、暖风水壶、进出水管及控制机构等组成,图 12-18 所示为纯电动汽车 E5 的取暖系统原理图。工作时 PTC 加热冷却液,并通过 PTC 水泵把加热后的冷却液经暖风进水管进入热交换器,通过鼓风机吹出的空气将冷却液散释放的热量送到车厢内或风窗玻璃,用以提高车厢内温度和除霜。在热交换器中进行了热量释放的冷却液经暖风出水管被 PTC 水泵抽回,如此循环,实现暖风供热。

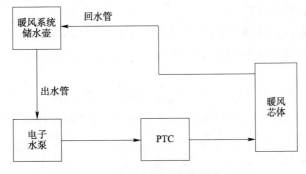

图 12-18　取暖系统原理图

目前,电动汽车的采暖系统主要有两种加热方案。

(1)采用 PTC 空气加热器直接加热空气,取代传统车上的暖风芯体。冷空气直接流经加热器表面,加热后送入车内,如图 12-19 所示。这种方案成本比较低,但由于 PTC 接入乘员舱内,存在一定的安全风险,此外加热器表面温度比较高,容易将周边塑料烤热发出异味。故只有早期的电动汽车使用。

(2)采用 PTC 水加热器间接加热空气。保留传统空调的暖风芯体,外接一套 PTC 加热循环回路。PTC 先把水加热,电动水泵工作后,将热水送入暖风芯体与冷空气换热,冷空气被加热后送入乘员舱内。整套回路布置于前舱内,避免了高压接入乘员舱内的安全隐患,加热后的水温不会烤热塑料而发出异味。但这套系统增加了 PTC、水泵、副加水壶、进出水管管路等零部件,相对于第一种方案成本会更为高昂,实物如图 12-20 ~ 图 12-22 所示。

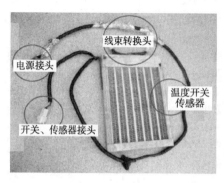

图 12-19 PTC 结构

图 12-20 水泵位置

图 12-21 PTC 总成

图 12-22 PTC 总成和水壶的实车位置

(二)取暖系统的检查维护

采用 PTC 加热器直接加热空气的,首先检查 PTC 加热器高低压连接线是否连接可靠,线路走向是否正常,线束和其他部件有无擦碰现象。同时,打开取暖系统,检查各个出风口有无热风。

采用 PTC 加热器间接加热空气的,要检查储液罐中液面是否符合要求,并检查管路有无泄漏现象,检查 PTC 加热器高低压连接线是否连接可靠,线路走向是否正常,线束和其他部件有无擦碰现象。同时,打开取暖系统,检查各个出风口有无热风。

(三)典型故障案例

1. 故障现象

一辆 2015 款秦,行驶 2000km 后,上 OK 电,在 EV 模式下,开启空调时,发动机自动起动,机械压缩机工作。

2. 故障原因

因打开空调后,机械压缩机可以正常工作,可以排除空调管路系统、空调面板按键、温度传感器及压力传感器等故障,分析主要和电动压缩机、PTC 高压部分及控制部分有关,分析原因如下:

(1) 高压配电箱故障。

(2) 空调控制器故障。

(3) 空调配电盒故障。

(4) 电动压缩机及线路故障。

(5) PTC 水加热器及线路故障。

3. 诊断流程

(1) 车辆上 OK 电后,诊断仪读取到 PTC 模块中报"B121200 PTC 驱动组件故障。B121800 PTC 驱动组件失效",电动压缩机、空调控制器中无故障码。

(2) 读取 PTC 及电动压缩机的数据流,显示高压输入 13V,正常应为电池包电压。

(3) 使用诊断仪对电动压缩机进行动作测试,电动压缩机能正常工作,说明空调系统高压电路正常。

(4) 怀疑 PTC 加热器内部故障,更换 PTC 加热器后,故障排除。

4. 维修小结

(1) 要保证 EV 模式下开空调不起动发动机,首先满足空调控制器、电动压缩机、PTC 加热器通信正常,只要任一模块出现通信故障将导致如上故障。

(2) 仪表板左、右风口总成都属于空调子网的 CAN 模块,如果子网内任一 CAN 模块出现故障,也可能导致整个空调子网通信异常,故在处理该类问题时也不要忽略了此点。

四、通风净化装置结构组成

(一) 传统空调净化装置

汽车空调空气净化系统一般由鼓风机、空气过滤器、杀菌器、负氧离子发生器和进、出风口等组成,作用是使车厢内空气保持清新洁净。

空气净化方式有过滤式和静电集尘式两种。在一些高级轿车上,除了使用以上的除尘方法外,还装用了负氧离子发生器,以增加空气中负离子含量,改善车内空气质量,提高舒适性,使车内空气更加清新洁净,利于人体健康。

(二) 空调滤净系统

空调滤净系统创新地将 PM2.5 的监控、过滤和净化集成于空调系统。这是一个高频高效智能系统,每 5s 检测并提醒空气状况;具有超强高效净化能力,可在 4min 内将 PM2.5 值由每立方米 500μg 降至 12μg 以下,迅速让车内重获清新,告别都市污浊。绿净技术是将空气经过 4 层净化和过滤,净化后的空气 PM2.5 值降到每立方米 12μg 以下,净化车内空气,全程清新享受。滤净系统由高效过滤层、电离层、负离子发生器和静电集尘器四部分构成,如图 12-23 为滤净系统部件、图 12-24 为滤净系统总成,位于副驾前面杂物箱正上方。

将负离子层放置于高效过滤器和静电集成器之间,这样可以充分发挥静电集成器的静电吸附效果,滤净系统本结构如图 12-25 所示。

图 12-23　滤净系统部件

图 12-24　滤净系统总成

图 12-25　滤净系统示意图

(三) 滤净系统的净化原理

空气过滤顺序：先经过"高效过滤器"过滤，再经过"静电集尘器"过滤，如图 12-26 所示。高效过滤器：高效精滤技术，采用高效低阻滤材，对直径 0.3μm 以上的粉尘颗粒过滤超过 90%；静电发生器：使空气中的颗粒带电；静电集尘器 (HAF)：该集尘器自身带静电，可有效吸附带电的颗粒，同时可进一步吸附 0.3μm 以下的粉尘颗粒。

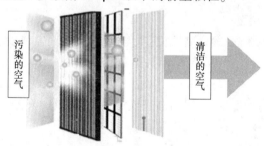

图 12-26　滤净系统的净化原理

五、空调系统常见故障及诊断方法

汽车空调系统故障包括：电器故障、功能部件的机械故障、制冷剂和冷冻机油引起的故障等，集中表现为系统不制冷、制冷不足、不制热、制热不足或异响等较为突出。

(一) 维修空调系统时的注意事项

维护空调系统必须由专业技术人员进行。

维修前应使工作区通风，请勿在封闭的空间或接近明火的地方操作制冷剂。维修前应戴好眼罩,保持至维修完毕。

避免液体制冷剂接触眼睛和皮肤。若液体制冷剂接触眼睛和皮肤,应用冷水冲洗,并注意:不要揉眼睛或擦皮肤。

压缩机运转时不要打开压力表高压阀,只能打开和关闭低压阀。

冷冻油必须使用专用冷冻油。不可乱用其他品牌的润滑油代替,更不能混用(不同牌号)。

维修时应注意,打开管路的O形圈必须更换,并在装配前在密封圈上涂冷冻油后按要求力矩连接。

在排放系统中过多的制冷剂时,不要排放过快,以免将系统中的压缩机油也抽出来。

(二)基本诊断法

基本方法是指根据看、听、摸、测量等方式直观感觉检测到故障的部位。

1. 看

(1)首先查看仪表板上的压力、水温、油压及各性能指示灯是否显示正常。

(2)观察冷凝器、蒸发器及管路连接处是否有油污,如有则说明有制冷剂和冷冻润滑油泄漏。

(3)系统部件和管路接头处是否有结霜、结冰现象。

(4)从储液干燥器视液窗观察制冷剂量。

2. 听

通过耳朵听的方式,检查压缩机、送风机、排风机是否有异常声音,来判断运转部件是否存在故障。

3. 摸

开启制冷系统15~20min后,用手触摸系统部件,感受其温度。

(1)压缩机进、排气管,应有明显温差。

(2)冷凝器进、出口管应有温差,出口管温度应低于进口处温度。

(3)储液干燥器进、出口温度的比较:进口温度与出口温度相等时,表示冷气系统正常;进口温度低于出口温度时,表示制冷剂不足;进口温度高于出口温度时,表示制冷剂过多。

(4)膨胀阀进、出口温差明显。

注意:在用手触摸高压区部位时要防止烫伤。如果压缩机高、低压侧之间没有明显温差,则说明制冷剂泄漏严重。

4. 测量

通过使用压力表检查空调的制冷系统高压和低压两端的压力,观察压力表的读数,能够初步的判断故障点出在高压一侧还是低压一侧。同时,还可以使用温度检测仪,通过检查高低压两侧的温度,也可以初步判断故障的范围。

(三)压力检测法

制冷系统工作时,内部压力变化与温度是密切相关的,这正是进行诊断的依据。根据压力的变化情况,进一步诊断出系统可能出现故障的原因及部位。对于制冷系统而言,歧管压力表组是最常用的工具。

1. 诊断方法

首先将压力表组的高、低压手动阀关闭,然后将压力表组的高、低压软管分别连接到系统的高、低压检修阀上,并利用系统内制冷剂压力排除管内空气。启动空调系统,待压力表指示稳定后即可读取压力值。

2. 诊断标准

空调系统压力正常范围:低压侧为 0.15~0.25MPa;高压侧为 1.47~1.67MPa。根据车型不同,测试工况不同,压力范围略有差异。

(四)其他常见故障

其他常见故障症状及可能部位见表 12-2。

常见故障及可能发生的部位　　　　　　　　表 12-2

故障症状	可能发生部位
鼓风机不工作	(1)鼓风机熔断丝; (2)鼓风机继电器; (3)鼓风机; (4)调速模块; (5)空调控制器; (6)线束或连接器
鼓风机风速不可调(鼓风机工作正常)	(1)鼓风机调速模块; (2)空调面板; (3)空调控制器; (4)CAN 通信; (5)线束或连接器
出风模式调节不正常	(1)出风模式控制电动机; (2)空调控制器; (3)线束和连接器
主驾侧温度调节不正常	(1)主驾空气混合电动机; (2)空调控制器; (3)线束和连接器
副驾侧温度调节不正常	(1)副驾空气混合电动机; (2)空调控制器; (3)线束或连接器
内外循环调节失效	(1)循环控制电动机; (2)空调控制器; (3)线束和连接器
后除霜失效	(1)后除霜熔断丝; (2)后除霜继电器; (3)后除霜加热丝; (4)继电器控制模块; (5)CAN 通信; (6)线束或连接器

续上表

故 障 症 状	可能发生部位
空气净化功能失效	(1)滤净系统熔断丝； (2)滤净系统继电器； (3)空调 ECU； (4)线束及连接器
PM2.5 检测功能失效	(1)滤净系统熔断丝； (2)PM2.5 测试仪； (3)线束及连接器

任务实施

一、准备工作

(1)防护装备：防护三件套、室内五件套、遮拦、维修警示牌。

(2)车辆、台架、总成：举升机、新能源汽车(E6 或秦)一辆。

(3)工具、设备：空气压缩机一台、常用工具一套、常用工具车一辆、手电筒、绝缘电阻表或万用表、解码仪、验电笔。

(4)辅助耗材：毛巾、劳保用品。

二、空调维护与诊断需要的工量具

一级维护需使用的工量具见表12-3。

一级维护需要使用的工量具　　　　　表12-3

手电筒		胎压表	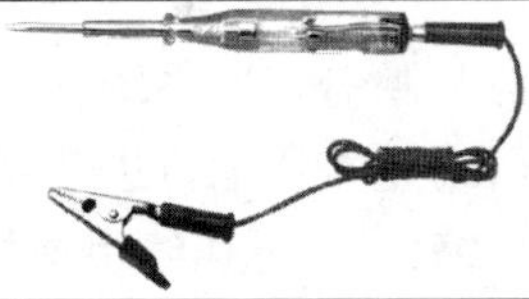
绝缘电阻表(万用表)	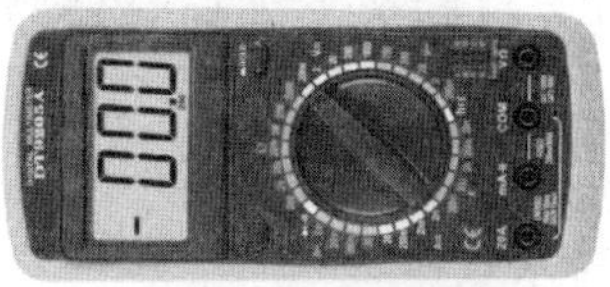	一字螺丝刀	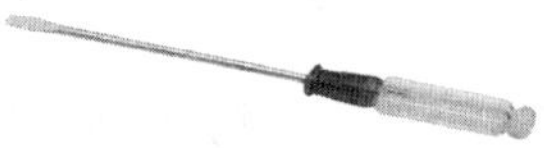
解码仪	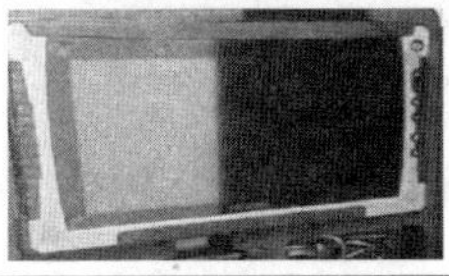		

三、操作步骤

(1)将车辆停放到新能源汽车专用工位，关闭起动按钮，做好场地防护、维修工位防护及场地的安全提示。

(2)铺设室内四件套，拉开发动机罩拉手。

(3)打开发动机罩并可靠支撑，铺设机舱三件套。

(4) 检查取暖系统储液罐液面高度,检查管路的密封性能及走向、固定。

(5) 连接诊断头,打开起动开关。

(6) 打开鼓风机旋钮,检查旋钮在不同位置处出风量是否变化。

(7) 按下 A/C 开关,将温度旋扭旋转到蓝色区域,等待一会儿后检查制冷效果是否良好。

(8) 按下 A/C 开关,旋转温度旋钮到红色区域,检查空调取暖效果是否良好。

(9) 选择出风模式旋钮,检查不同出风模式时,相应的出风口是否出风。

(10) 检查后玻璃除霜功能是否正常,检查内外循环功能是否正常。

(11) 打开诊断仪,读取故障码,检查是否有故障码。若有故障码,删除后再次读取,检查是否有永久性故障码。

(12) 若有故障,结合故障码并分析,检测与之相关联的部位或部件。

(13) 拆卸副驾驶人前面的仪表副板或杂物箱(图 12-27)后,清洁或更换空调滤芯。

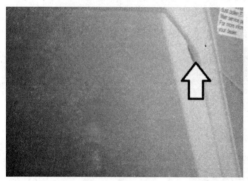 

图 12-27 拆卸空调滤芯的位置

(14) 检查制冷系统管路,走向良好,无擦碰、无变形、检测口盖良好,线路连接正常。

(15) 检查压缩机进气管和排气管是否存在温度差异,有温度差说明电动机运行正常,并检查压缩机高、低压线束连接情况是否良好。

(16) 检查冷凝器固定是否良好,进气口和排气口间温差如何,冷凝器的散热片有无变形。

(17) 举升车辆到合适高度后,可靠锁止举升机。

(18) 清洁空调排水孔,如图 12-28 所示,保证排水顺畅。

图 12-28 空调排水孔清洁

(19)落下车辆到地面,进行5S管理。

四、技能考核标准

技能考核标准见表12-4。

技能考核标准　　　　　　　　　　　　　　表12-4

序号	项目	操作内容	配分	评分标准	得分
1	停放车辆,防护	车辆停到专用工位上,并对场地进行防护	8分	(1)停到工位上2分; (2)关闭开关2分; (3)拉起围栏2分; (4)放置警示牌2分	
2	室内防护	铺设四件套、拉动发动机罩拉手	4分	(1)铺设四件套2分; (2)拉开拉手2分	
3	机舱防护	支撑发动机罩、将五件套安装到位	4分	(1)可靠支撑2分; (2)安装到位2分	
4	密封检查	取暖系统储液罐密封检查	6分	(1)盖子盖紧2分; (2)液面检查2分; (3)管路检查2分	
5	自诊断	连接诊断头,打开起动开关	4分	(1)连接诊断头2分; (2)打开起动开关2分	
6	风量旋钮检查	检查不同挡位的出风量	3分	检查出风量3分	
7	制冷效果检查	检查空调制冷效果	9分	(1)温度旋钮旋到蓝色区域3分; (2)按下A/C开关3分; (3)制冷检查3分	
8	取暖效果检查	检查空调取暖效果	9分	(1)温度旋钮旋到红色区域3分; (2)按下A/C开关3分; (3)取暖效果检查3分	
9	出风模式检查	检查出风模式	6分	(1)旋转旋钮3分; (2)检查是否出风3分	
10	除雾检查	除雾功能检查	4分	(1)后窗除雾检查2分; (2)内外循环检查2分	
11	读取故障码和数据流	检查有无故障	6分	(1)读取故障码2分; (2)读取数据流2分; (3)删除故障码2分	
12	部件检查	检查部件	3分	结合故障码对部件或相关线路进行检查3分	
13	更换空调滤芯	更换滤芯	6分	(1)拆卸副板3分; (2)更换滤芯3分	

续上表

序号	项目	操作内容	配分	评分标准	得分
14	空调管路检查	高低压管路检查	6分	(1)管路检查2分； (2)检修阀检查2分； (3)线束检查2分	
15	压缩机检查	检查压缩机性能	4分	(1)低压管路温度检查2分； (2)高压管路温度检查2分	
16	冷凝器检查	检查冷凝器	4分	(1)有无变形2分； (2)散热效果2分	
17	举升车辆	举升车辆	6分	(1)有效支撑2分； (2)高度合适2分； (3)锁止举升机2分	
18	排水孔清洁	清洁排水孔	4分	清洁排水孔4分	
19	落下车辆	5S 管理	4分	(1)场地2分； (2)车辆2分	
	总分		100分	得分	

思考和练习

(一) 填空题

1. 汽车空调通常具有_____、_____、_____和调节气流的作用。

2. 制冷系统工作时包括_____、_____、_____和蒸发等四个过程。

3. 涡旋式压缩机机体主要由_____、_____两部分组成。

4. 现代汽车空调的储液干燥过滤器一般位于_____上。

5. 电动汽车空调取暖系统的热源是_____。

6. 空调滤芯,一般是位于_____。

(二) 判断题

1. 一般可以通过听的方式,判断鼓风机性能的好坏。　　　　　　　　（　）

2. 通风净化系统作用是使车厢内空气保持清新洁净。　　　　　　　（　）

3. 压缩机运转时可以打开压力表高压阀。　　　　　　　　　　　　　（　）

4. 温度调节旋钮旋到红色区域时,出风口吹出的是冷风。　　　　　（　）

5. 当 PTC 水泵发生故障时,空调不会出热风。　　　　　　　　　　（　）

(三) 简答题

1. 开启制冷系统以后,通过手摸的方法,可以判断哪些部件的工作性能?

2. 简述空调不制冷的诊断思路。

参 考 文 献

[1] 北汽新能源汽车公司. E150EV 维修手册[Z]. 2013.
[2] 北汽新能源汽车公司. E150EV、E160EV 培训课件/技术资料[Z]. 2013-2016.
[3] 比亚迪汽车公司. 比亚迪秦维修手册[Z]. 2013.
[4] 比亚迪汽车公司. 比亚迪秦培训课件/技术资料[Z]. 2013-2016.
[5] 比亚迪汽车公司. 比亚迪 E6 培训课件/技术资料[Z]. 2013-2016.
[6] 丰田汽车公司. 普锐斯维修手册[Z]. 2006.
[7] 包科杰, 徐利强. 新能源汽车维护与故障诊断[M]. 北京: 人民交通出版社股份有限公司, 2017.
[8] 邹国荣, 程明. 电动汽车的新型驱动技术[M]. 北京: 机械工业出版社, 2010.
[9] 赵立军, 佟钦智. 电动汽车结构与原理[M]. 北京: 北京大学出版社, 2012.
[10] 何洪文. 电动汽车原理与结构[M]. 北京: 机械工业出版社, 2010.
[11] 陈全世, 等. 先进电动机技术[M]. 北京: 化学工业出版社, 2009.
[12] 吴兴敏, 张博, 王彦光. 电动汽车构造、原理与检修[M]. 北京: 北京理工大学出版社, 2015.
[13] 麻友良, 严运兵. 电动汽车概论[M]. 北京: 机械工业出版社, 2012.
[14] 王文伟, 张丽莉. 电动汽车跑起来[M]. 北京: 机械工业出版社, 2015.
[15] 李伟. 新能源汽车构造原理与故障诊断[M]. 北京: 化学工业出版社, 2016.